Ulrike Elsäßer-Feist

Zwischen Glaube und Skepsis

Der russische Schriftsteller Fjodor M. Dostojewskij

R BROCKHAUS

Dieses Buch erscheint in der Reihe »Glaube und Wissenschaft«
des INSTITUTS FÜR GLAUBE UND WISSENSCHAFT.

Herausgeber der Reihe ist Dr. Jürgen Spieß.

Die Deutsche Bibliothek – CIP-Einheitsaufnahme

Ein Titelsatz für diese Publikation ist bei
Der Deutschen Bibliothek erhältlich.

2., überarbeitete und ergänzte Auflage
des Buches Fjodor M. Dostojewskij,

Umschlag: Ralf Krauß, Herrenberg
Gesamtherstellung: Breklumer Druckerei Manfred Siegel KG
ISBN 3-417-24361-0
Bestell-Nr. 224 361

INHALT

VORWORT

Der französische Philosoph und Literaturnobelpreisträger Albert Camus schrieb im Jahre 1959: »Lange Zeit hat man Marx für den Propheten des 20. Jahrhunderts gehalten. Heute weiß man, dass das, was er prophezeite, auf sich warten ließ, und wir erkennen, dass Dostojewskij der wahre Prophet war. Er hat die Herrschaft der Großinquisitoren und den Triumph der Macht über die Gerechtigkeit vorausgesehen. Ich war 20 Jahre alt, als ich dem Werk Dostojewskijs begegnete und die Erschütterung, die mich damals ergriff, hält heute nach mehr als weiteren 20 Jahren noch an. Ich habe Dostojewskij zuerst lieben gelernt, weil er mir die Geheimnisse des menschlichen Wesens enthüllte. Aber sehr schnell, in dem Maße, wie ich das Drama meiner Zeit immer grausamer erlebte, habe ich in Dostojewskij den Menschen lieben gelernt, der am tiefsten unser geschichtliches Schicksal erlebt und ausgedrückt hat. Für mich ist in erster Linie Dostojewskij der Schriftsteller, der lange vor Nietzsche den zeitgenössischen Nihilismus erkannte, definierte, seine ungeheuerlichen oder wahnwitzigen Folgen voraussah, und der versuchte, die Botschaft des Heils zu bestimmen. Der Mann, der geschrieben hatte: ›Die Fragen nach Gott und nach der Unsterblichkeit sind dieselben wie die Fragen des Sozialismus, nur aus einem anderen Blickwinkel gesehen‹, der wusste, dass von diesem Augenblick an unsere Zivilisation dieses Heil für alle oder für niemanden fordern würde. Aber er wusste auch, dass dieses Heil nicht allen zuteil werden konnte, wenn man darüber die Leiden auch nur eines Einzigen vergaß.«[1]

Es gibt kaum einen anderen Schriftsteller, der die europäischen Denker der Neuzeit – Philosophen, Theologen, Schriftsteller, Psychotherapeuten – so stark beeinflusst hat wie Dostojewskij.

Einige Beispiele: Die französischen Existenzialisten Jean-Paul Sartre und Albert Camus. Auf die Frage: »Was ist Existenzialismus?« schrieb Sartre: »Der Ausgangspunkt des Existenzialismus besteht in einem Satz Dostojewskijs: ›Wenn Gott nicht existierte, so wäre alles erlaubt.‹ … In der Tat, alles ist erlaubt, wenn Gott nicht

[1] A. Camus, Dramen, Hamburg 1959, S. 13f

existiert, und demzufolge ist der Mensch verlassen, da er weder in sich noch außerhalb seiner eine Möglichkeit findet, sich anzuklammern ... anders gesagt, es gibt keine Vorausbestimmung mehr, der Mensch ist frei, der Mensch ist Freiheit.«[2] Camus habe ich schon zitiert.

Die Schweizer evangelischen Theologen Karl Barth und Eduard Thurneysen: In seinem berühmten Römerbriefkommentar aus dem Jahr 1926 zitiert Karl Barth nur Luther häufiger als Dostojewskij.[3] Sein Freund Thurneysen schrieb sogar eine kleine Dostojewskij-Monografie.[4]

Die österreichischen Psychotherapeuten Sigmund Freud[5] und Alfred Adler schrieben Aufsätze über Dostojewskij. Alfred Adler war vor allem von der Aussage Dostojewskijs beeindruckt: »Man erkennt einen Menschen an seinem Lachen.«[6] Dostojewskij charakterisiert seine Personen durch das Beschreiben ihres Lachens. Sehen Sie sich daraufhin einmal z.B. den »Idioten« an. Es gibt viele Arten menschlichen Lachens: warmes Lachen, kaltes Lachen; sein Lachen klang zerborsten, voller Hass, höhnisch, freundlich ...

Deutsche Schriftsteller wie Hermann Hesse und Thomas Mann beschäftigten sich mit ihm.

Hermann Hesse nannte ihn bereits in seinem Aufsatz »Blick ins Chaos«[7] aus dem Jahre 1920 – vierzig Jahre vor Camus – den Propheten für das zwanzigste Jahrhundert, weil sich in seinem Roman »Die Brüder Karamasow« alle Typen beschrieben finden, die für dieses Jahrhundert charakteristisch werden sollten. Thomas Mann nannte seinen Aufsatz »Dostojewski – mit Maßen«[8]. Und so sollte man es wohl auch halten: Dostojewskij – ja, aber mit Maßen, weil die Beschäftigung mit seinem Werk manchmal einem Blick ins Chaos gleicht und man diesen Blick nicht an jedem trüben Novemberabend gut aushält.

[2] Ist der Existentialismus ein Humanismus? In: Drei Essays, Zürich 1975, S.16

[3] K. Barth, Der Römerbrief, München 1926

[4] E. Thurneysen, Dostojewski, München 1921

[5] S. Freud, Dostojewski und die Vatertötung, in: Die Urgestalt der Brüder Karamasoff, München 1928

[6] A. Adler, Dostojewski, in: Praxis und Theorie der Individualtheorie, S. 281ff

[7] H. Hesse, Blick ins Chaos, Drei Aufsätze, Bern 1921

[8] T. Mann, Dostojewski mit Maßen, Neue Rundschau 1945/6

Für Nietzsche war die literarische Begegnung mit Dostojewskij der Glücksfall seines Lebens, und er schrieb in aller Bescheidenheit: »Dostojewskij ist der einzige Psychologe, von dem ich etwas zu lernen hatte.«[9]

In den letzten Jahren wurden die großen Romane Dostojewskijs von Swetlana Geier neu übersetzt. Der große Verkaufserfolg dieser Neuübersetzungen veranlasste den *Spiegel* zur Frage an Frau Geier: »Warum widmen Sie sich ausgerechnet dem Werk eines Autors, der schon über 100 Jahre tot ist?« Ihre Antwort: »Dostojewskij ist eben sehr modern. Er stellt alle wichtigen Fragen: nach der möglichen Freiheit des Menschen, nach Erkenntnis, dem Leben, dem Tod, dem Wesen des Schönen, der Möglichkeit des Glaubens.«[10]

Die Biografie von Ulrike Elsäßer-Feist vermittelt einen Eindruck der wichtigsten Werke Dostojewskijs und setzt sie in Beziehung zu seinem Leben. Ein besonderes Augenmerk liegt dabei auf dem Thema des Glaubens bei Dostojewskij.

Da ich im Laufe der Jahre viele Tagungen und Vorträge über Dostojewskij gehalten habe, freue ich mich, dass diese längere Zeit vergriffene Biografie nun in einer überarbeiteten Neuauflage in unserer Reihe *Glaube und Wissenschaft* herauskommen kann. Ich hoffe, dass dadurch das Interesse an einem Autor geweckt wird, der Glauben und Denken vieler Menschen – nicht nur in Europa – wie kein Zweiter beeinflusste.

Dr. Jürgen Spieß

[9] F. Nietzsche, Götzendämmerung, in Werke II, München 1966, S. 1021
[10] Der Spiegel 11/1996, S. 243

Dostojewskij 1880

Anna Grigorjewna Dostojewskaja (in den siebziger Jahren)

1. Ein russischer Dichter

»Wahrlich, ich sage euch: Wenn das Weizenkorn nicht in die Erde fällt und erstirbt, so bleibt's allein; wenn es aber erstirbt, so bringt es viel Frucht.«

Diesen Vers aus dem Johannesevangelium stellte Dostojewskij seinem letzten Roman, den *Brüdern Karamasow*, als Motto voran. Er steht auch auf seinem Grabmal, weiß eingeritzt auf dunklem Grund unter seiner Büste, die dem Besucher überraschend lebendig entgegenblickt, um dann doch den Blick knapp an ihm vorbei in unbekannte Fernen schweifen zu lassen. Frische rote Rosen und Sommerblumen lehnen am Stein, Zeichen der Verbundenheit und Verehrung, wie man sie hier in St. Petersburg nicht selten auf den Gräbern der großen Künstler findet, die die besondere Ehre hatten, auf dem Friedhof des Alexander-Newski-Klosters bestattet zu werden. Auch im Dostojewskij-Museum, das in seiner letzten Wohnung eingerichtet wurde, empfängt den Besucher eine Atmosphäre warmer, lebendiger Verehrung für den großen Dichter. Der schwarze Tee im Glas auf dem Schreibtisch, unverzichtbares Stimulans seiner zahllosen nächtlichen Arbeitsstunden, wird jeden Tag erneuert.

Nichts Abgestandenes konserviert man hier. Der Verdacht drängt sich auf, Fjodor Michailowitsch habe die Wohnung nicht endgültig verlassen. Man möchte wiederkommen, die alte Klingel am Namensschild ziehen: Vielleicht wird man ihn dieses Mal doch persönlich antreffen. Es ist, als drängten durch unterirdische Adern die Lebenskräfte und die neue Aktualität seines geistigen Erbes bis ins Straßenbild: Nicht weit vom Museum wurde die Metro-Station »Dostojewskij« gebaut. Die Wladimir-Kirche um die Ecke diente noch Ende der 80er Jahre als Rechenzentrum. Nun brennen hier wieder Kerzen, Gottesdienste werden gefeiert, und Gläubige beten vor den Ikonen. Es war die Kirche, deren Gottesdienste Dostojewskij besuchte und deren Priester er kurz vor seinem Tod rufen ließ, um zu beichten und zu kommunizieren.

Am langwierigen, zähen Kampf um die Wiedergewinnung der Kirche für die Gemeinde waren auch ein junger Mitarbeiter des Museums und seine Frau beteiligt. Er war Christus und dem Evangelium lebensentscheidend durch das Schaffen Dostojewskijs begegnet, den er als seinen ersten geistlichen Lehrer betrachtet.

Nachdem Dostojewskij außerhalb Russlands ein nachhaltiges Echo gefunden hatte, wurde er im eigenen Land nach der Revolution zum problematischen Dichter, mit dessen Ruhm die marxistisch-leninistisch bestimmte Kritik beträchtliche Schwierigkeiten hatte. Das soziale Engagement, die Auflehnung gegen die Leibeigenschaft, die zeitweilige Zugehörigkeit zum revolutionären Zirkel der Petraschewzen, die Glaubenszweifel, all das musste als die entscheidende Botschaft herausgearbeitet werden, während man sein Eintreten für die orthodoxe Tradition, seine Frage nach Gott und der Unsterblichkeit der Seele, seine tiefe Liebe zur Gestalt Christi als bedauerliche Fehlentwicklung, als Rückfall in reaktionäre Bindungen abwertete. Nun scheint die Zeit gekommen, in der gerade diese Botschaft seines Werkes in Dostojewskijs eigenem Land neu gehört werden kann.

Dostojewskij war der Dichter, der gegen Ende des letzten Jahrhunderts leidenschaftlich darum rang, dass die junge Intelligenz ihren engagierten Weg für Russlands Zukunft mit dem *»Bild Christi im Herzen«* gehen sollte, und der die Katastrophen einer Neuordnung ohne dieses innere Leitbild und das Fehlschlagen des Versuchs, Brüderlichkeit durch Zwang zu erzeugen, voraussah. Nachdem die Menschen auf die Frage nach dem Sinn ihres Lebens in der Philosophie des Materialismus vergeblich eine Antwort gesucht haben, wird Dostojewskij nun wieder von jenen entdeckt, denen sein besonderes Interesse galt: von der jungen russischen Intelligenz.

Für die Kräfte, die schließlich nach der Revolution die politische Wirklichkeit in Russland bestimmten, wurde Dostojewskij zum ungeliebten Klassiker. Bis zum Ende der sechziger Jahre des 20. Jahrhunderts blieb Dostojewskij in der Sowjetunion in Ungnade. Ihr Ende brachte seine Neuentdeckung auf breitester Front. Nun galt er als der Dichter, der die Schrecken der Revolution und darüber hinaus das Gesicht des Totalitarismus prophetisch vorausgesehen und beschrieben hatte. Im Zerfall der ehemaligen Sowjetgröße berief man sich aber auch auf ein uns heute eher alarmierendes religiös überhöhtes Nationalgefühl, das gelegentlich in seinen publizistischen Schriften erscheint.

In Deutschland hat Dostojewskijs Dichtung sehr bald nach seinem Tod wachsendes Interesse gefunden. Schon 1847 werden *Arme Leute* und 1862 *Aufzeichnungen aus einem Totenhaus* auszugsweise übersetzt und in einer Zeitschrift veröffentlicht. Der große Durchbruch erfolgt, als 1882 *Schuld und Sühne* in Leipzig erscheint und Persönlichkeiten der älteren und jüngeren Dichtergeneration beeindruckt. Noch 1867 ist dieser Roman in einer ersten Kritik als »reines Hirngespinst«[11] bewertet worden. Zwischen 1882 und 1890 wird nun fast das ganze Werk Dostojewskijs ins Deutsche übertragen. Ab 1906 erscheint im Piper-Verlag die erste deutsche Gesamtausgabe. Sein Ruhm wächst und vertieft sich mit der Abkehr der Kritik vom bisher bestimmenden Naturalismus, für den Dostojewskij vor allem der hervorragende Darsteller des Milieus, der große Psychologe und Kriminalanthropologe und ein Vertreter der sozialen Tendenzliteratur ist. Nach der Jahrhundertwende rückt dann eher das Zerrissene, Hintergründige und die metaphysische Fragestellung in seinem Werk in den Vordergrund, Züge, die der damaligen Russlandbegeisterung eines Teils der intellektuellen Schicht als spezifisch russisch erscheinen.

Dostojewskij wird zum russischen Dichter schlechthin. Gerade unter diesem Aspekt stößt er während des Ersten Weltkriegs vereinzelt auch auf heftige Ablehnung.[12] Nach dem Krieg, als der Expressionismus dem Zerbrechen überkommener Werte und Ordnungen seinen Ausdruck gibt, entsteht eine neue Welle der Begeisterung für Dostojewskij, als dem Dichter des »Chaotischen«[13], des »Irrationalen«[14] und des elementaren Lebensdrangs[15]. Eine weitere Reihe rus-

[11] nach Kampmann, S. 16; zitiert wird eine Kritik in: Magazin, Jg. 36/1867. (Soweit sich nähere Angaben in der Bibliographie S. 193 finden, wird in den Anmerkungen nur der Autor genannt.)

[12] nach Kampmann, S. 63: F. M. Huebner, Heinrich Mann wider Dostojewski, in: Die Schaubühne, Jg. 11/1915; A. Ehrenstein, Der Politiker Dostojewski, in: Der Merker, Jg. 6/1915 (hier fallen Ausdrücke wie »Duldervisage« und »knechtischer Masochismus«)

[13] Stefan Zweig, Drei Meister – Balzac. Dickens. Dostojewski, Leipzig 1925: »Die Seele ist eine Wirrnis, ein heilges Chaos in Dostojewskis Werk.« (S. 130, zitiert bei Kampmann, S. 143)

[14] W. Hueck, Dostojewski. Der Psychologe des Irrationalen, in: Die Literatur, Jg. 28,1925/26: »Dostojewski führt irrationale Charaktere einem irrationalen Schicksal zu.« (zitiert bei Kampmann, S. 142)

[15] Zum Begriff des »Lebens« im Expressionismus: Kampmann: Dostojewski als »Vitalist« und »Primitivist«, S. 151ff

sischer Deutungen, zum Teil von Autoren, die sich schon vor dem Krieg mit ihm auseinander gesetzt hatten, vertieft das Interesse an ihm ebenso wie die Erinnerungen seiner Tochter[16] und seiner Frau[17], die nun erscheinen. Dostojewskij wird zum wohl meistgelesenen russischen Dichter in Deutschland.

Zunehmend befassen sich Veröffentlichungen mit seinem religiösen und philosophischen Denken. Dostojewskij als Christ findet auf katholischer und evangelischer Seite starkes Interesse. Barth[18] und Thurneysen[19] bemühen ihn als Kronzeugen in der Darstellung der dialektischen Theologie. Auch nach dem Zweiten Weltkrieg setzt sich die Reihe der Untersuchungen zu seinem Werk fort. Neben dem weiter bestehenden Interesse an seinem Glauben oder Unglauben, an seiner Philosophie, an psychologischen, medizinischen, rechtsphilosophischen und politischen Aspekten seines Schaffens wenden sich auch neuere Untersuchungen weiter Dostojewskij als Dichter im Umgang mit seinen Stoffen[20] zu.

Hier schließlich liegt der Ausgangspunkt für alles weit gefächerte Interesse an ihm: Es ist seine machtvolle und nachhaltige Wirkung als Schriftsteller, der sich bei der Lektüre seiner Werke kaum jemand entziehen kann. Seite um Seite lässt sich der Leser, seit seine Romane als spannende Fortsetzungen erschienen, immer tiefer in eine beunruhigende und faszinierende Welt locken, in der Alltag und Beruf nebensächlich werden vor der alles relativierenden Frage nach Sinn und Ziel der menschlichen Existenz und den inneren Etappen, die der Einzelne auf diesem Weg zurücklegt.

Mittlerweile ist Deutschland das Land mit der umfassendsten Dostojewskij-Forschung geworden.[21] »Dostojewskij und kein Ende?«, fragt schon 1958 ein namhafter Dostojewskij-Forscher[22]. Darauf ließe sich antworten, dass für die Begegnung mit Dostojewskij und seinem Werk dasselbe gilt, was er in den *Dämonen* von

16 Aimée Dostojewski, Dostojewski, geschildert von seiner Tochter

17 Anna G. Dostojewskaja, Die Lebenserinnerungen der Gattin Dostojewski

18 K. Barth, Der Römerbrief

19 E. Thurneysen, Dostojewski

20 siehe Bibliographie

21 Eine neue Dostojewski-Gesellschaft wurde 1990 gegründet, c/o Ellen Lackner, 2394 Satrup

22 Konrad Onasch, Theologische Literaturzeitung 1958

einer seiner Gestalten sagt: *»Ich glaube, es gibt Gesichter, die jedes Mal, wenn sie auftauchen, wieder etwas Neues mitbringen, etwas, das man bis dahin noch nicht an ihnen bemerkt hat, auch wenn man ihnen hundertmal begegnet ist.«*[23]

Deshalb ist dieser Band geschrieben worden. Nicht, um der Dostojewskij-Forschung eine weitere Entdeckung hinzuzufügen, auch nicht, um den Leser mit jüngsten Einzeluntersuchungen bekannt zu machen. Ebenso enthält die Bibliographie nur einen Bruchteil der Sekundärliteratur und ist allenfalls geeignet, für Interessierte erste Hinweise zur eingehenderen Beschäftigung mit dem Werk Dostojewskijs zu geben. Vielmehr ist dieses Lebensbild in der Überzeugung entstanden, dass sich auch der kleinste Anstoß lohnt, der zu erster oder vertiefter Begegnung mit dem Schriftsteller und Christen Dostojewskij führt.

[23] *Die Dämonen*, S. 245. Zitate aus Dostojewskijs Werken immer nach der Piper-Ausgabe, München 1977/80

2. Kindheit und Jugend (1821-1837)

Die Eltern

Am Stadtrand von Moskau, in der Dienstwohnung eines Arztes am Marienhospital, kommt nach russischem Kalender[24] am 30. Oktober 1821 (11. November 1821) ein Kind zur Welt. Die glücklichen Eltern können nicht ahnen, dass eines Tages um dieses Sohnes willen auch ihre Namen unzählige Male gedruckt erscheinen werden. Fjodor Michailowitsch Dostojewskij ist der zweite Sohn, der Michail Andrejewitsch Dostojewskij und seiner Frau, Marja Fjodorowna Netschajewa, geboren wird, ein Jahr nach ihrem Erstgeborenen, Michail. Zwei Brüder und drei Schwestern werden später folgen.

Der Vater hat bereits ein bewegtes Leben hinter sich. Seine Vorfahren stammten ursprünglich aus einem litauischen Adelsgeschlecht, das in der Gegend von Pinsk beheimatet war. Vater und Großvater von Michail Andrejewitsch waren Geistliche. Auch er wurde aufs Priesterseminar geschickt. Aber er fühlte sich dazu nicht berufen und verließ eigenmächtig das Seminar. Darüber kam es zum Bruch mit der Familie. Er floh von zu Hause. Der Schritt war endgültig. Michail Andrejewitsch Dostojewskij hat seine Verwandten nie wieder gesehen. Kurz vor seinem Tode gibt er noch eine Suchanzeige auf, in der Hoffnung, irgendwelche Spuren seiner Familie zu entdecken, jedoch vergeblich.

Ohne Protektion und ohne Mittel gelingt es dem Zwanzigjährigen, an der Moskauer Medizinisch-Chirurgischen Hochschule einen Freiplatz zu bekommen. Völlig auf sich allein gestellt, arbeitet er mit äußerster Energie und kann sich behaupten.

Dann, 1812, bricht Napoleon über Russland herein. Auch Mi-

[24] »Russischer Kalender« oder »alter Stil« richtet sich nach dem im 19. Jahrhundert in Russland gebräuchlichen Julianischen Kalender mit einer Differenz von 12 Tagen zum im Westen gebräuchlichen Gregorianischen Kalender. (Im vorliegenden Text wird der »alte Stil« für Ereignisse in Russland, der »neue Stil« für Ereignisse im Westen gebraucht. In den Gesammelten Briefen, hrsg. v. F. Hitzel, sind Dostojewskis Briefe aus dem Westen nach beiden Kalendern datiert.)

chail Andrejewitsch wird an die Front geschickt, wo er sich als Arzt bei der Übernahme verantwortungsvoller und schwieriger Aufgaben bewährt.

1818 wird Michail Andrejewitsch zum Oberarzt am Militärkrankenhaus in Moskau ernannt. 1819 heiratet er die elf Jahre jüngere Marja Fjodorowna Netschajewa, bittet ein Jahr später um seine Entlassung aus dem Militärdienst und findet eine Anstellung im Marienhospital, einem Krankenhaus, das für die arme Bevölkerung bestimmt ist. Einige Jahre nach der Geburt von Michail und Fjodor gelingt es ihm, den durch die Verarmung verlorenen Adelstitel der Familie wiederzugewinnen und, 150 Werst von Moskau entfernt, ein Landgut mit etwa 150 Seelen zu erwerben, das aus den Dörfchen Darowoje und Tschermaschnaja besteht.

Dostojewskijs Vater führt in der Familie ein strenges Regiment und verlangt unbedingten Gehorsam. Was Frau und Kindern besonders zu schaffen macht, sind seine pedantische, schon Geiz zu nennende Sparsamkeit und sein fast krankhaftes Misstrauen.

Nach dem frühen Tod seiner Frau – sie stirbt noch nicht vierzigjährig an der Schwindsucht – ist er maßlos in seinem Schmerz. Er quittiert den Dienst, zieht sich auf sein Gut zurück, beginnt zu trinken und erbittert die Leibeigenen durch Willkür und Härte. Sein plötzlicher Tod während einer Fahrt zum Gut Tschermaschnaja im Jahr 1839 ist in frühere Biographien als Ermordung durch seine aufgebrachten Leibeigenen eingegangen. In neuerer Zeit haben Nachforschungen an dieser Darstellung zweifeln lassen.[25]

Dostojewskij hat später über seinen Vater ungern und wenig gesprochen. Das mag mit der Überlieferung von seinem gewaltsamen Tod zusammenhängen, an dem Dostojewskij, zum Zeitpunkt des Geschehens weit weg von zu Hause, nicht zweifeln konnte. Gegen ein ausschließlich negatives Urteil über den Vater sprechen Erinnerungen des jüngeren Bruders, Andrei, der berichtet, Dostojewskij habe noch in den letzten Jahren sehr anerkennend von den Eltern gesprochen. Dass ihn die innere Auseinandersetzung mit dem Vater und die Frage nach rechter und missbrauchter Vaterschaft innerlich stark beschäftigt haben, davon zeugen seine letzten Romane, in denen diese Thematik eine zentrale Rolle spielt.

[25] Kjetsaa, S. 44-53

Dostojewskijs Mutter stammt aus einer Moskauer Kaufmannsfamilie mit ungebrochen orthodoxer Tradition. Die reich verheiratete Schwester, Alexandra Fjodorowna Kumanina, Patentante sämtlicher Kinder, wird in Dostojewskijs Leben immer wieder als Geldspenderin eine rettende Rolle spielen.

Die Mutter ist eine sanfte und warmherzige Frau, literarisch und musikalisch interessiert. Ihre zärtliche und verständnisvolle Art bildet im Leben der Kinder das notwendige Gegengewicht zur Strenge des Vaters. Vor allem ihre Frömmigkeit hat einen tiefen Einfluss auf Dostojewskij. Als Auswirkung dieser Frömmigkeit erlebt er bei ihr soziales Interesse und warmes Mitgefühl für das Schicksal der Mitmenschen. Starken Eindruck auf die Kinder hinterlassen die alljährlichen Pilgerfahrten, die sie mit ihnen zum Dreieinigkeits-Sergius-Kloster in Sergijew Possad unternimmt. Ihr Tod 1837 wird für die Brüder – auch wenn sie mittlerweile die Woche über ein Internat besuchen – das Ende der behüteten Kindheit im Elternhaus bedeuten. Fjodor ist zu diesem Zeitpunkt fünfzehn Jahre alt.

Die Kinderwelt

Das Heim, in dem die Kinder heranwachsen, ist nicht gerade wohlhabend, aber auch nicht arm. Zu ihrer Kindheit gehören gelegentliche Ausfahrten, Jahrmarktbesuche mit der Kinderfrau und – besonders nach dem Erwerb des Gutes – herrliche, lange Sommeraufenthalte draußen auf dem Land, in Darowoje, mit wilden Spielen im Freien.

Ebenso wichtig für die Kinder ist die Begegnung mit dem einfachen Volk in Gestalt der Ammen und Kinderfrauen, durch die sie die Welt der altrussischen Heldensagen, der Märchen und Legenden und eine tief verwurzelte Frömmigkeit kennen lernen. Dostojewskijs Lust an Geschichten wird durch sie seit frühester Zeit geweckt und genährt. Noch als erwachsener Mann erinnert er sich an die unheimlichen und komischen Märchen, die er mit drei Jahren erfand.

Zwei Menschen aus diesem Umkreis haben ihn in seiner Kindheit besonders beeindruckt: Das ist einmal Alina Frolowna, seine Kinderfrau. Als sie erfährt, dass das Gut der Eltern Dostojewskij abgebrannt sei, hält sie die Familie für ruiniert und bietet sofort als erste Hilfe ihre eigenen Ersparnisse an. Die andere Gestalt ist der Leibeigene Marei, ein Bauer in Darowoje, mit dem ihn ein unvergessliches Erlebnis verbindet, das im sibirischen Straflager tröstlich in seiner Erinnerung auftauchen wird:

Kurz vor dem Ferienende streift Fjodor noch einmal im Wald umher. Da hört er plötzlich einen Schrei: »Ein Wolf kommt!« In panischem Schrecken flieht er hinaus aufs Feld, wo Marei mit seinem Pferd pflügt. Er stürzt in maßloser Angst auf ihn zu und erfährt von dem einfachen Bauern mütterlich tröstenden, zärtlichen Zuspruch, ohne von ihm seiner grundlosen Angst wegen beschämt zu werden. Denn Fjodor selbst ist inzwischen klargeworden, dass der Schrei eine seiner Halluzinationen war, die ihn in seinen früheren Kinderjahren häufig heimsuchten.

Aber auch dunkle Eindrücke nimmt er aus der Kindheit in sein Leben mit: Beim Haus in Moskau gibt es das große Gitter, das den Privatgarten der Dostojewskijs vom Krankenhausgarten trennt. Es trennt nicht nur zwei Gärten, es trennt zwei Welten voneinander: die bürgerliche, behütete und die Welt des Elends, der sozialen Randsiedler. Die Eltern haben den Kontakt mit dieser ganz anderen Welt verboten. Sie wollen ihre Kinder von unkontrollierbaren Einflüssen abschirmen. Aber die Anziehungskraft der anderen Seite ist groß. Der jüngere Bruder Andrei berichtet, dass Fjodor durchs verbotene Gitter mit den Rekonvaleszenten, mit den Kleinbürgern und Bauern, den armen Leuten von der anderen Seite des Lebens, lange Unterhaltungen geführt habe.

Und dann geschieht die erste schreckliche und unauslöschliche Begegnung mit dem Verbrechen: Eine neunjährige Spielgefährtin wird vergewaltigt im Garten gefunden. Sie stirbt, noch bevor Fjodors Vater zu ihr kommt. Es ist ein traumatisches Erlebnis. Zeit seines Lebens bleibt Dostojewskij in besonderer Weise verwundbar durch alle an Kindern verübten Verbrechen, in denen sich ihm die abgrundtiefe Verworfenheit manifestiert.

Fjodors Charakter und Temperament

Der kleine Fjodor ist ein ungemein lebhaftes, leidenschaftliches Kind. Immer wieder geht sein Temperament mit ihm durch. Der

Vater nennt ihn »ein wahres Feuer«. Alles in seiner Umgebung interessiert ihn: Geschichten, Menschen, Tiere. Gerne ist er mit den Bauern in Darowoje zusammen. Es macht ihm Freude zu helfen. Um einer Bäuerin bei der Feldarbeit Wasser für ihr Kind zu bringen, läuft er mehrere Kilometer. Gleichzeitig ist er äußerst sensibel und verletzlich, mit einem krankhaft zarten Nervensystem. So wird er mit seiner ausgeprägten Vorstellungskraft zum Grenzgänger zwischen seiner inneren Welt und dem, was man gemeinhin Realität nennt.

Nachdem die Brüder ins Internat geschickt werden, ändert sich sein Verhalten. Er verträgt keinen rohen Spott und keine derben Streiche, verteidigt aber Schwächere, besonders Neuankömmlinge, gegen gewalttätige Kameraden. So sehen wir ihn im Internat als scheuen, gelegentlich jähzornigen, schweigsamen Einzelgänger. Mit seiner ganzen Leidenschaft taucht er ein in die Welt der Literatur, die ihm das eigentliche Leben bedeutet.

Die Erziehung

Die Eltern legen großen Wert auf eine sorgfältige Erziehung. Mit vier Jahren lernt Fjodor bei seiner Mutter Lesen und Schreiben aus der Heiligen Schrift. Das abendliche Vorlesen, bei dem sich Vater und Mutter abwechseln, gehört zu den Höhepunkten des Tages. Die Eltern führen die Kinder früh in die Welt der russischen Geschichte und Literatur ein: Teile der »Russischen Geschichte« von Karamsin[26], Erzählungen und Reisebriefe desselben Autors, Erzählungen Puschkins[27], die religiöse Dichtung Derschawins[28]. Aber sie begegnen auch dem Schauerroman der englischen Romantik, als die Eltern aus Ann Radcliffes Werken vorlesen.

[26] Nikolai M. Karamsin (1766-1826), russischer Schriftsteller und Historiker: Briefe eines russischen Reisenden (1791/92). Geschichte des russischen Reiches (12 Bde.)

[27] Alexander S. Puschkin (1799-1837) wird als der Schöpfer der neuen russischen Literatur und größter Dichter Russlands verehrt.

[28] Gawrila R. Derschawin (1743-1816), russischer Dichter, schrieb Oden, Elegien, anakreontische Gedichte. Berühmt über Russland hinaus war besonders seine große Ode »Gott«, die auch Dostojewskij tief beeindruckte.

So werden die Brüder schnell selbst zu leidenschaftlichen Lesern, die sich früh an die Werke der Weltliteratur wagen. Ihre besondere Liebe gilt Schiller. Die Aufführung der »Räuber«, die Fjodor als Zehnjähriger sieht, beeindruckt ihn für sein Leben. Wichtig wird ihm und seinem Bruder Michail aber vor allem Puschkin, dessen Gedichte sie zum großen Teil auswendig können. Sein Tod 1837 erschüttert sie tief.

Für die Bildung seiner Söhne ist dem sonst so sparsamen Vater kein Preis zu hoch. Er schickt seine Ältesten zuerst auf eine französische Internatsschule und dann auf das beste Moskauer Privatgymnasium, obwohl es teurer ist, als er es sich eigentlich leisten kann. Der Jahrespreis entspricht etwa seinem Jahresgehalt als Krankenhausarzt. Er ist gezwungen, Anleihen zu machen, Vorschüsse zu nehmen und seine Privatpraxis zu erweitern. Fjodor ist dreizehn, Michail vierzehn, als sie auf dieses berühmte »Internat für adelige Kinder männlichen Geschlechts« von Leontij Tschermak kommen. Im Internat erlebt Fjodor das, was ihn ebenso prägen wird wie die Schärfung und Entwicklung des Denkens: soziale Minderwertigkeitsgefühle gegenüber seinen Kameraden, die aus den vornehmsten Kreisen kommen. Auch diese Erfahrungen lassen sich in seinem Werk, besonders im *Jüngling*, wiederfinden.

Erziehung in der orthodoxen Tradition

Untrennbar von diesem literarischen Bildungsprogramm ist die religiöse Erziehung. Die Eltern leben selbstverständlich in der orthodoxen Tradition und erziehen die Kinder in Ehrfurcht vor der Kirche und dem orthodoxen Glauben. Mit den Eltern besuchen die Kinder regelmäßig den Gottesdienst in der großen Krankenhauskirche. Noch als Erwachsener erinnert Fjodor sich daran, wie er als Dreijähriger vor Gästen sein Abendgebet aufsagte. Dasselbe Gebet wird er später allabendlich mit den eigenen Kindern sprechen. Zur religiösen Unterweisung wird außerdem ein Diakon ins Haus bestellt.

Einen unauslöschlichen Eindruck hinterlässt während eines Gottesdienstbesuches mit seiner Mutter die Lesung aus dem Buch Hiob.

Dieses tiefe Erlebnis taucht noch in seinem letzten Roman, den *Brüdern Karamasow*, als eine Kindheitserinnerung des Starez Sosima auf.

Viele Eindrücke, Worte und Gedanken, Bilder, Klänge und Gerüche aus der orthodoxen Tradition wirken auf das sensible Kind ein, aus denen mit der Zeit die Gestalt Christi immer ausschließlicher und anziehender heraustreten wird als das unaufgebbare Leitbild seines Lebens.

3. Studienjahre an der Petersburger Ingenieurakademie (1837-1843)

Abschluss der behüteten Jugend

Mit dem Tod der Mutter am 27. Februar 1837 beginnt der Familienverband sich aufzulösen. Der verzweifelte Vater wird seine Frau nur um zwei Jahre überleben. Danach werden die jüngeren Geschwister von Michail und Fjodor auf verschiedene Familien verteilt. Zu ihnen wird Dostojewskij nie ein natürlich nahes Verhältnis wie zu Michail haben, obwohl er sich später auch für sie verantwortlich fühlt. Über den Weg der beiden ältesten ist zu diesem Zeitpunkt schon entschieden. Sie sollen die Ingenieurakademie in St. Petersburg besuchen. Der Verzicht auf eine akademische Ausbildung an der Moskauer Universität, die ihren ausschließlichen und leidenschaftlichen literarischen Interessen allein zu entsprechen scheint, trifft sie hart. Für die Entscheidung der Eltern sind finanzielle Gründe ausschlaggebend: Sie selbst haben kein Vermögen, das die Lebensverhältnisse ihrer Kinder sichern könnte. Die Vorteile der vorgesehenen Laufbahn liegen auf der Hand: Der Vater rechnet in Petersburg mit einem Freiplatz für seine Söhne und die Ausbildung garantiert ein sicheres Auskommen als Festungsingenieur. Die politischen Tendenzen unter Zar Nikolaus I. sind günstig für eine militärische Berufslaufbahn.

Gemeinsam mit dem Vater machen sie sich im Mai 1837 auf die damals einwöchige Reise von Moskau, der Stadt der Kirchen und altrussischen Erinnerungen, nach Petersburg, dem Sitz der Verwaltung und der Regierung, Zentrum des westlich orientierten geistigen Lebens. Eine Beobachtung unterwegs prägt sich Fjodor über die Jahre hinweg ebenso tief ein wie seine Begegnung als Kind mit dem Bauern Marei: Auf einer Poststation sieht er, wie ein Feldjäger zur Beschleunigung seiner Troika die schwere Faust auf den Nacken des Kutschers sausen lässt, der sich vor Schmerzen krümmt und die Nackenschläge, die ihm rhythmisch weiter verabreicht werden, aus Leibeskräften als Peitschenschläge an die Pferde weitergibt, die ihrerseits, wild vor Schmerz, in wahnsinnigem Galopp davonjagen. Es ist die gleichmütig kalkulierte Grausamkeit, die Fjodor zutiefst bestürzt.

Man sagt ihm, die Feldjäger pflegten immer so zu fahren. – Jahrzehnte später kommt Dostojewskij im *Tagebuch eines Schriftstellers* auf dieses Bild zurück als Sinnbild der Gewalt, die Gewalt erzeugt. Art und Ursache der Verrohung des Volkes haben sich ihm im Bild des prügelnden Feldjägers unauslöschlich dargestellt und erklärt.

Für die Brüder enden Vorstellung und Aufnahmeprüfung in die Ingenieurakademie mit zwei Enttäuschungen: Zum einen wird Fjodor von Michail getrennt, den man an eine ähnliche Institution nach Reval in der baltischen Ostseeprovinz Estland schickt. Zum ersten Mal in ihrem Leben sind die Brüder getrennt und durchleben wichtige Entwicklungsstufen ohne die Möglichkeit des unmittelbaren Austauschs. Zum anderen bestehen zwar beide Brüder die Prüfung, aber es erweist sich, dass der Genuss eines Freiplatzes von großzügigen Geschenken an die Prüfer abhängig gewesen wäre. Fjodor sieht sich zum ersten Mal mit der weitverbreiteten Korruption im Russischen Reich konfrontiert. Zum Glück gibt es die reiche Patentante, die nun für das Schulgeld aufkommt.

Begegnung mit einer fremden Welt

Am 16. Januar 1838 tritt Fjodor Michailowitsch Dostojewskij, knapp siebzehnjährig, in die Ingenieurakademie ein. Ursprünglich als Schloss für den bald nach seinem Regierungsantritt ermordeten Zar Paul I. errichtet, ist sie von außen gesehen eine der schönsten Schulen Russlands. Der Geist aber, der ihm hier entgegenkommt, ist Fjodor sehr fremd, obwohl er an harte Arbeit und strenge Disziplin gewöhnt ist. Der Tag ist von 8 bis 21 Uhr streng eingeteilt. Auf dem Stundenplan stehen hauptsächlich naturwissenschaftliche und mathematische Fächer mit militärischer Nutzanwendung, eine Last für Dostojewskij, der hier entgegen Begabung und Interesse büffeln muss. An den Bruder schreibt er: *»Wenn Du wüsstest, wie sie uns schinden. Noch nie habe ich so ochsen müssen. Sie quetschen uns bis aufs Blut aus.«*[29] Mehr Freude hat er an Zeichnen und Architektur. Seine Manuskriptseiten werden davon Zeugnis ablegen mit ihren immer neu auftauchenden Gesichtern, Fratzen und gotischen Bögen.

[29] Brief an den Bruder, zitiert bei Kjetsaa, S. 89

Unter den 120 Kursteilnehmern – in der Hauptsache polnischer und deutsch-baltischer Abstammung – fühlt er sich als Außenseiter. Über die Mehrzahl von ihnen äußert er sich in bemerkenswerter Härte: *»Ich war verwundert über die Dummheit ihrer Bemerkungen, ihrer Spiele, ihrer Gespräche, ihrer Beschäftigungen. Sie achteten nur den Erfolg. Alles, was gerecht, aber gedemütigt und verfolgt war, rief ihre grausamen Spöttereien hervor. Mit 16 Jahren sprachen sie schon von den netten einträglichen kleinen Stellungen.«*[30] Der Umgangston ist rau; neue Schüler und arme Lehrer werden geschnitten. Dostojewskij ist mutig und hat ein starkes Gerechtigkeitsgefühl. Er verteidigt die Neuankömmlinge gegen ältere Schüler, stellt sich bei Schülerrevolten auf die Seite der angegriffenen Lehrer, greift aber andererseits auch offen die Korruption unter den Offizieren der Schule an. Bei Übungen auf dem Feld sammelt er für die armen Bauern.

Unter seinen Mitschülern gilt er als Einzelgänger, den man nicht besonders mag, vor dem man aber doch Respekt hat. Man nennt ihn den »Mönch Photius«, seines einsiedlerischen Lebenswandels wegen, aber auch, weil er sein Interesse am Religionsunterricht zeigt und den Lehrer nach der Stunde in längere Gespräche zu verwickeln pflegt. Dieses Verhalten könnte die Vermutung nahe legen, er sei völlig unberührt und unabhängig von allen ungeschriebenen Gesetzen dieser Umgebung geblieben. Es scheint aber doch so, dass ihm an standesgemäßer Lebenshaltung, die der seiner Kameraden gleichkam, gelegen war. Davon zeugen Briefe an den Vater, in denen er um Geld für bestimmte Sonderausgaben bittet, die sich manche seiner Kameraden leisten. So möchte er zusätzlich zu den gestellten Stiefeln, die angeblich nichts taugten, noch eigene haben; für seine Bücher braucht er einen Koffer, und für den Koffer einen Burschen, der für dessen Unterbringung sorgt. *»Ich muss mich, ob ich will oder nicht, nach den Gepflogenheiten meiner jetzigen Umgebung richten.«*[31] Es gibt jedoch Äußerungen von Kameraden, denen zufolge es durchaus möglich war, ohne diese Zusatzausgaben während der Übungen im Gelände auszukommen.

[30] Dostojewski, geschildert von seiner Tochter A. Dostojewski, S. 41

[31] Gesammelte Briefe an den Vater, St. Petersburg, 10. Mai 1839, S. 21. Zitate aus den Briefen Dostojewskijs jeweils nach: Dostojewski, Gesammelte Briefe 1833-1881, hrsg., übers. und komm. v. Friedrich Hitzer, S. 27

In dieser Auseinandersetzung um die nötigen Mittel zu standesgemäßer Ausstattung ist etwas spürbar von Dostojewskijs leicht verletzlichem Ehrgefühl und seinem Geltungsbedürfnis, auch in Fragen des sozialen Ansehens. Es ist eine Empfindlichkeit, die ihn aber auch befähigt, seine Leser Situationen der Peinlichkeit, der Erniedrigung und Beschämung sowie des sozialen Minderwertigkeitsgefühls in allen Abstufungen nachfühlen zu lassen.

Literarische Einflüsse

Da er seine Umgebung ablehnt, zieht sich Dostojewskij immer ausschließlicher in die Welt der Literatur zurück und betreibt auf diesem Gebiet ein intensives Privatstudium. Der Gesellschaft seiner Kameraden zieht er die seiner Bücher vor. Jeden freien Augenblick sieht man ihn in anspruchsvolle Lektüre versunken.

In der Zeit von 1820 bis zum Anfang der vierziger Jahre bewegen der deutsche Idealismus und die Romantik in einer enthusiastischen Welle die Herzen und Köpfe der jungen gebildeten Generation. Auch der junge Dostojewskij wird von ihr erfasst: Seine Auseinandersetzung mit Schellings philosophischem Irrationalismus spiegelt sich im engagierten und begeisterten Schriftwechsel mit seinem Bruder, der zu jener Zeit sein engster Vertrauter ist: *»Natur, Seele, Liebe und Gott erkennt man mit dem Herzen und nicht mit dem Verstand.«*[32] Er kennt fast das ganze Werk E.T.A. Hoffmanns, zum Teil sogar im Original. Von den Klassikern steht ihm zeitlebens Schiller besonders nahe. In seiner Vorliebe für Balzac und besonders George Sand kündigt sich sein immer stärker werdendes soziales Interesse an, das sich den Randsiedlern der Gesellschaft zuwendet. Zu seiner Lektüre in dieser Zeit gehören aber auch erbauliche Betrachtungen aus dem Hausandachtsbuch eines deutschen Verfassers.

Völlig beansprucht von der Wirklichkeit der Ideen und literarischen Gestalten ist er sehr wählerisch in seinem Umgang mit Menschen aus Fleisch und Blut. Nur da sind freundschaftliche Beziehungen für ihn möglich, wo er eine zumindest ähnliche Leiden-

[32] ebd., S. 17 (an Michail Michailowitsch Dostojewski – im Weiteren als M.M.D. bezeichnet –, St. Petersburg, 31. Okt. 1838)

schaft für das Reich der Philosophie und Literatur spürt. Zudem stellt er sehr hohe Anforderungen an Tiefe und Intensität des freundschaftlichen Umgangs.

Insgesamt hat Dostojewskij nur wenige Freunde.

Zwischen Beruf und Berufung

Obwohl Dostojewskij nach dem Tode seines Vaters nicht verpflichtet ist, die militärische Ausbildung abzuschließen, bricht er das wenig geliebte Studium an der Ingenieurakademie nicht ab, sondern absolviert die vorgeschriebenen Examina und rückt in der ordnungsgemäßen Abfolge der Beförderungen auf. 1841 erhält er den Rang eines Ingenieurfähnrichs. Damit hat er das Recht, extern zu wohnen. Von dieser neuen Freiheit macht er ausgiebig Gebrauch. Aus den kommenden Jahren sind an die 20 verschiedene Petersburger Adressen Dostojewskijs bekannt.

Er besucht häufig Konzerte und macht erste Erfahrungen mit einer Welt, die ihn später auf verhängnisvolle Weise fesseln wird: Durch zwei Freunde lernt er das Glücksspiel kennen.

Im August 1843 findet er nach bestandenem Schlussexamen im Ingenieurdepartement als technischer Zeichner eine Anstellung. Kurz zuvor hat Balzacs Besuch in Petersburg Aufsehen erregt. Es ist anzunehmen, dass dieses Ereignis auch Dostojewskijs Interesse an Balzacs Werk neue Nahrung gab. Die Übersetzung von dessen »Eugénie Grandet« ist die erste Arbeit, mit der er an die Öffentlichkeit tritt. Seinen Bruder ermutigt er zu Schiller-Übersetzungen und entwickelt rastlos Pläne, wie sie gut und geldbringend untergebracht werden könnten.

Dostojewskij selbst wohnt inzwischen bei einem deutsch-baltischen Arzt, Dr. A. Riesenkampf, einem Freund Michails. Unter dem ordnungsliebenden deutschen Einfluss soll er dort seine chaotische Lebensführung und den sehr großzügigen Umgang mit Geld ordnen lernen. Ihn ziehen aber vor allem die Patienten des Freundes an, die aus den untersten sozialen Schichten kommen. Er nimmt Anteil an ihrer Herkunft und ihrer Lebensgeschichte, gibt ihnen Geld für die Behandlung und wird in seiner Gutmütigkeit kräftig ausgenutzt. Daneben arbeitet er an der Übersetzung eines Romans von George

Sand. Mehr und mehr wird ihm sein Beruf ein lästiger Zwang, der ihn von seinen eigentlichen Interessen abhält. Dazu kommen demütigende berufliche Misserfolge. Als ihm eine Dienstreise bevorsteht, die ihn für längere Zeit von Petersburg, dem Zentrum des literarischen Lebens, zu entfernen droht, quittiert er den Dienst. Am 19. Oktober 1844 wird Dostojewskij im Rang eines Oberleutnants aus dem Dienst entlassen.

Es ist ein Sprung ins Ungewisse, aber er betrachtet ihn als Notwendigkeit. Sein immer heftiger gewordenes Freiheitsbedürfnis, der Drang, seiner innersten Berufung zu folgen, machten ihm eine längere Ausübung des ungeliebten Berufes unmöglich. Was seine literarische Laufbahn anbelangt, ist er zuversichtlich und hat den Kopf voller Pläne. Seinem Bruder Michail schreibt er am 30. September 1844: *»Ich nehme den Abschied, weil ich nicht länger dienen kann. Das Leben freut mich nicht, wenn ich meine beste Zeit so sinnlos verschwenden muss . . . Wegen meines weiteren Lebens brauchst Du Dir wirklich keine Sorgen zu machen. Ich werde immer meinen Lebensunterhalt finden können. Ich werde furchtbar viel arbeiten . . .«*[33] Als Dostojewskij das schreibt, kann er noch nicht wissen, in welchem Ausmaß sich diese Vorhersage in seinem Leben bewahrheiten wird.

Vor allem aber ist er im Augenblick dieses Absprungs dabei, einen Roman zu vollenden, von dem er im schon zitierten Brief schreibt: *»Ich habe noch eine Hoffnung. Ich vollende gerade einen Roman im Umfang von ›Eugénie Grandet‹. Der Roman ist recht originell. Ich schreibe ihn bereits ins Reine. (Ich bin mit meiner Arbeit zufrieden.) Ich werde dafür vielleicht 400 Rubel bekommen; dies ist meine ganze Hoffnung.«* Und am Ende des Briefes noch einmal: *»Ich bin mit meinem Roman außerordentlich zufrieden. Ich bin außer mir vor Freude. Für den Roman werde ich sicher Geld bekommen; was aber weiter kommt . . .«*

Dostojewskijs Persönlichkeit

In dieser Zeit tritt immer deutlicher ein Charakteristikum seiner Lebensführung zutage: Es sind der permanente Geldmangel, die stän-

[33] ebd., S. 38

digen Schulden mit den zermürbenden Überlegungen, von wem man wenigstens fünf Rubel leihen könnte, welcher Wertgegenstand sich versetzen ließe, um die Wohnung wieder heizen zu können. Ständig lauern diese Sorgen im Hintergrund, während er schreibt und schreibt. Unabhängig davon, ob er während der Zeit seiner Anstellung ein Gehalt bezieht oder Vorschuss auf seine Erbschaft nimmt, oder ob ihm seine Patentante großzügig einmal mehr unter die Arme greift: Das Geld zerrinnt ihm unter den Fingern; seine normale Situation ist, keines zu haben. Wochenlang lebt er nur von Milch und Brot und ist überhaupt von äußerster Bedürfnislosigkeit. Hat er aber einmal Geld, lädt er seine Bekannten aus den Spelunken und Hinterhöfen zu Gelagen in guten Restaurants ein, beschenkt Dr. Riesenkampfs arme Patienten, lässt es sich stehlen oder verliert es beim Billard. Er bringt es fertig, an einem Tag zweimal 1000 Rubel zu verspielen. Von seinen Bediensteten, die seine Großzügigkeit ausnutzen und ihn gründlich bestehlen, sagt er: *»Lasst sie nur stehlen, davon gehe ich nicht bankrott.«*[34] Andererseits ist er aber peinlich bestrebt, seinen eigenen finanziellen Verpflichtungen nachzukommen. Dr. Riesenkampf sieht ihn in dieser Zeit so: »F. M. Dostojewskij gehört zu denjenigen Persönlichkeiten, in deren Umgebung es alle gut haben, die aber selber gar nicht aus der Not herauskommen. Man bestahl ihn erbarmungslos. Bei der ihm eigenen Vertrauensseligkeit und Güte wollte er sich aber auf gar keine Unternehmungen einlassen, um seine Bedienten und ihren Anhang zu entlarven, die seine Sorglosigkeit missbrauchten.«[35]

Andere Züge, die sich schon im Tschermakschen Internat zeigten, verstärken sich weiter. Nach außen erscheint er als blasser, in sich gekehrter Träumer, der sich von seinen Kameraden absondert und für ihre ausgelassenen Albernheiten keinen Sinn hat. Mit seinen Freunden zusammen zeigt er sich manchmal aber auch in bester Laune. Seine Liebe zur Literatur und bestimmten Schriftstellern kann er in faszinierender Beredtheit auf seine Zuhörer übertragen. Leidenschaftlich und von seinen Empfindungen hingerissen deklamiert er Gedichte. Seine persönliche übergroße Empfindlichkeit macht auch seinen Freunden den Umgang mit ihm nicht leicht.

[34] Kjetsaa, S. 56
[35] Zenta Maurina, S. 22 (in etwas anderer Übersetzung)

Dieses Temperament, aufbrausend und verletzlich, bricht in seiner ganzen Heftigkeit auch in den Briefen an seinen Bruder durch.

Nach einer tief gehenden Enttäuschung in einer Freundschaft, wohl noch aus der Ingenieurakademie, bleibt für Fjodor sein Bruder Michail der wichtigste Gesprächspartner für seine literarischen und persönlichen Erlebnisse. Auch Michail gegenüber zeigt seine Zuneigung und Freundschaft gelegentlich einen geradezu bedrängenden Anspruch: *»Schreib mir bitte möglichst oft, denn Deine Briefe sind mir eine Freude und ein Trost. Beantworte diesen Brief sofort. Ich erwarte eine Antwort in zwölf Tagen. Spätestens. Schreibe mir, damit ich nicht verschmachte.«*[36] Dieselbe Leidenschaftlichkeit bricht auch in seinen literarischen Urteilen durch: *»Ich muss Dir noch eine Rüge erteilen. Wenn Du von der Form in der Dichtung sprichst, scheinst Du mir ganz verrückt; in allem Ernst, ich habe schon längst bemerkt, dass Du in dieser Richtung nicht ganz normal bist. . . . Hast Du den ›Cid‹ gelesen? Lies ihn, Du Unglücksmensch, und falle in den Staub vor Corneille. Du hast ihn gelästert, lies ihn unbedingt.«*[37]

Die Frage, welche Rolle in dieser Zeit der christliche Glaube für ihn spielt, ist schwer zu beantworten. Das Thema hat im Erfahrungsaustausch mit seinem Bruder keine Bedeutung. Es gibt Hinweise, dass er in der lockeren, teilweise sehr oberflächlichen Gesellschaft der Kommilitonen den Ordnungen der orthodoxen Kirche entsprechend gelebt habe. Dies geht aus den Erinnerungen eines ehemaligen Erziehers an der Ingenieurakademie, Sawaljew, hervor. Es ist aber möglich, dass dieses Verhalten nicht so sehr Ausdruck einer zweifelsfreien orthodoxen Frömmigkeit ist, als vielmehr Demonstration einer Lebenshaltung, die sich von der oberflächlichen Spottlust und Arroganz der Kommilitonen deutlich distanziert. So übernimmt er auch immer wieder die Rolle eines Verteidigers von Minderheiten. Eher lässt sich den Gesprächen, in die er den Religionslehrer nach den Unterrichtsstunden verwickelt, entnehmen, dass ihm die orthodoxen Glaubensinhalte buchstäblich fragwürdig sind.

Die Jahre in der Ingenieurakademie und als technischer Zeichner sind vor allem eine Phase der Selbstfindung in der intensiven Aus-

[36] Ges. Briefe, S. 16 (an M.M.D., St. Petersburg, 9. Aug. 1838)

[37] ebd., S. 31 (an M.M.D., St. Petersburg, 1. Jan. 1840)

einandersetzung mit den literarischen und philosophischen Anregungen seiner Zeit. Die Stufen dieser Selbstfindung zeichnen sich ab in zunehmender Zuversichtlichkeit über den eigenen Weg und Wert. Schreibt er noch im Oktober des ersten Jahres an der Akademie: *»Bruder, es ist so traurig, ohne Hoffnung zu leben – wenn ich vorwärts schaue, so graut mir vor der Zukunft«*[38], so klingt es, etwas weniger als ein Jahr später, schon viel fester: *»... Man braucht einen starken Glauben an die Zukunft, ein unerschütterliches Selbstbewusstsein, um die Hoffnungen zu leben, wie ich sie jetzt hege. ... Es ist ganz egal, ob sie sich erfüllen oder nicht erfüllen, ich will das Meinige dazu tun. Ich segne die Minuten, in denen ich mich mit der Gegenwart versöhne.«*[39] Im selben Brief beschreibt er die Quintessenz seines Lernens, Lesens und späteren Schreibens so: *»Lernen, was zugleich Mensch und Leben bedeutet, gelingt mir recht gut. Ich kann mir die Charaktere der Schriftsteller aneignen, mit denen ich den besten Teil meines Lebens frei und froh verbringe. ... Ich bin überzeugt von mir. Der Mensch ist ein Geheimnis. Man muss es enträtseln, und wenn Du es ein ganzes Leben lang enträtseln wirst, so sage nicht, Du hättest die Zeit verloren. Ich beschäftige mich mit diesem Geheimnis, denn ich will ein Mensch sein.«*

Je näher er diesem Geheimnis, wer der Mensch sei, kommen wird, desto tiefer wird ihn auch das Geheimnis Christi anziehen. Wo das Bild Christi vorerst noch für ihn angesiedelt ist, deutet sich in einer Beurteilung Homers an: *»Homer (ein sagenhafter Mensch, der uns vielleicht wie Christus von Gott gesandt war) kann nur neben Christus und keineswegs neben Goethe gestellt werden . . . Homer hat ja mit seiner ›Ilias‹ der Welt der Antike die gleiche Organisation des geistigen und irdischen Lebens gegeben, wie sie die moderne Welt Christus zu verdanken hat.«*[40] Christus wird hier als überragender Menschheitslehrer gesehen. Der besondere Herzton, der später mitschwingen wird, wenn es um die Gestalt Christi und ihre einmalige Schönheit und Bedeutung geht, ist bei aller Hochachtung hier noch kaum spürbar.

[38] ebd., S. 18 (an M.M.D., St. Petersburg, 31. Okt. 1838)
[39] ebd., S. 24 (an M.M.D., St. Petersburg, 16. Aug. 1839)
[40] ebd., S. 30 (an M.M.D., St. Petersburg, 1. Jan. 1840)

4. Erste Petersburger Periode als unabhängiger Schriftsteller (1843-1849)

Erster Erfolg: »Arme Leute«

Dostojewskijs Sprung in die Unsicherheit und die Freiheit ist begleitet von widerstreitenden Gefühlen: Hoffnung, Zuversicht und dunkle Befürchtungen wechseln sich ab. Jetzt muss sich erweisen, ob er wirklich der Schriftsteller ist, den er in sich spürt.

In fast allen Briefen an Michail taucht nun der Roman auf, an dem er gerade arbeitet, den er ins Reine schreibt, dann wieder umarbeitet, um schließlich noch einmal an ihm zu feilen. All seine Energie, allen Ehrgeiz und allen Gestaltungswillen hat er aufgeboten. Grigorowitsch[41], ein Freund aus der Zeit der Ingenieurakademie, der ebenfalls schreibt und mit dem er seit dem Herbst 1844 die Wohnung teilt, schildert ihn in dieser ersten Schaffensperiode als freier Schriftsteller: »Dostojewskij konnte tage- und nächtelang ununterbrochen am Schreibtisch sitzen. Er verlor kein Wort darüber, woran er gerade schrieb. Auf meine Fragen antwortete er widerwillig und lakonisch, und da ich wusste, wie verschlossen er war, drang ich nicht weiter in ihn. Ich konnte nur eine Menge mit seiner charakteristischen Handschrift bedeckter Bögen sehen: wie Perlen aus der Feder geflossene Buchstaben, wie gemalt … und sowie er mit dem Schreiben aufhörte, nahm er gleich das eine oder das andere Buch zur Hand.«[42] Die Briefe an Michail drehen sich zu dieser Zeit um Überlegungen, wo der Roman am besten zu veröffentlichen sei; er soll gleichzeitig einen weiten Leserkreis erreichen und möglichst schnell etwas einbringen, denn die finanziellen Reserven sind wieder restlos erschöpft.

Mit diesem Roman setzt er alles auf eine Karte: Die Resonanz, die er finden oder nicht finden wird, betrachtet er für sich als lebens-

[41] Dmitri W. Grigorowitsch (1822-1900), Schriftsteller, Kommilitone Dostojewskijs an der Ingenieurakademie

[42] F. M. Dostojewski, Briefe, München 1944 (Piper), S. 236

entscheidend in buchstäblichem Sinn: *»Die Sache ist eben die, dass mein Roman alles decken soll. Wenn mir dies nicht gelingt, werde ich mich aufhängen.«*[43] In einem weiteren Brief an Michail: *»Wenn ich den Roman nicht unterbringe, so gehe ich vielleicht in die Newa. Was soll ich denn tun? Ich habe mir schon alles überlegt. Ich werde den Tod meiner idée fixe nicht überleben können.«*[44]

Und dann kommt jene Mainacht, von der er noch lange Zeit später im *Tagebuch eines Schriftstellers* sagen wird: *»der herrlichste Augenblick in meinem Leben«.*[45] Nachdem Dostojewskij sein Manuskript ein letztes Mal umgearbeitet hat, bittet er Grigorowitsch, ihm seinen Roman vorlesen zu dürfen; er möge ihn dabei nicht unterbrechen. Grigorowitsch ist hingerissen von dem, was er hört, bringt das Manuskript am selben Abend zu Nekrasow[46], einem befreundeten Dichter. Grigorowitsch und Nekrasow lesen sich den Roman gegenseitig vor und sind so beeindruckt und bewegt, dass sie das Werk in einem Zug die Nacht hindurch zu Ende bringen. Begeistert eilen sie sofort zu Dostojewskij und klingeln um vier Uhr früh – denn, so sagen sie, es gibt Dinge, die sind wichtiger als der Schlaf – an seiner Tür, fallen ihm um den Hals und beglückwünschen ihn zu seinem Werk.

Am selben Tag bringt Nekrasow das Manuskript zum bekanntesten und einflussreichsten Kritiker seiner Zeit, zu Wissarion Belinski, dem er einen »neuen Gogol«[47] ankündigt. Belinski, der diese Ankündigung zunächst mit Skepsis aufnimmt, reagiert auf das Erstlingswerk dann ebenfalls enthusiastisch und möchte den jungen Dichter – Dostojewskij ist 23 Jahre alt – möglichst bald kennen lernen. Noch vor Ende des Jahres, ehe der Roman erscheint, spricht bereits das gesamte literarisch interessierte Petersburg über *Arme Leute (Bednye ljudi)* und seinen Autor.

[43] Ges. Briefe, S. 42 (an M.M.D., Petersburg, 24. März 1845)

[44] ebd., S. 46 (an M.M.D., Petersburg, 4. Mai 1845)

[45] Sämtliche Werke, 11. Bd., S. 344

[46] Nikolai A. Nekrasow (1821-1878), Lyriker, Vertreter »westlicher« Ideen, war Herausgeber des »Zeitgenossen«, einer Zeitschrift mit liberalem, westlich orientiertem Profil

[47] Nikolai W. Gogol (1809-1852), Schriftsteller ukrainischer Herkunft, schreibt zunächst romantisch-humoristische Erzählungen, die ihn schnell bekannt machen. Seine besondere Bedeutung liegt in seinem psychologischen und sozialkritischen Realismus.

Was ist das nun für ein Werk, das seinen Autor so unvermittelt auf die Wogen allgemeiner Begeisterung emporhebt? *Arme Leute* schildert in der Form eines Briefromans die Beziehung zwischen dem schon etwas älteren kleinen Beamten Dewuschkin, der seinen kümmerlichen Lebensunterhalt durch das Abschreiben von Akten verdient, und der jungen Warwara Dobrosjolowa, einer entfernten Verwandten, die sich als Näherin über Wasser zu halten sucht. Sie schreiben sich ihre Briefe über den elenden Hinterhof ihrer Mietskaserne hinweg. Durch die zärtliche, empfindsame Verehrung Dewuschkins für seine junge Verwandte und deren vertrauende, warme Freundschaft für den älteren Beschützer scheint beiden das Leben in einer Gesellschaft erträglicher, die sie in erniedrigende Armut drängte. Unter widrigsten Umständen können sie sich durch ihre Zuneigung ihre Würde als Menschen bewahren. Aber die Idylle wird zerstört durch Geld und Macht. Der gewissenlose Kaufmann, der das elternlose und unerfahrene Mädchen verführt hatte und dem es in dieses Hinterhaus zu entkommen suchte, hat Warwara ausfindig gemacht, um sie als Hausfrau und Garantin für eigenen Nachwuchs auf ein Gut irgendwo in der Steppe mitzunehmen. So entschwindet sie Dewuschkins Blicken in eine einsame Zukunft, an der Seite eines ungeliebten und brutalen Mannes.

Dewuschkin selbst wird seinem Elend und weiteren Abstieg nicht entgehen. Denn wo, wenn nicht beim Trinken, sollte er Linderung seines Kummers finden? Seine weitere Geschichte wird nicht ausgeführt, aber der Leser ahnt den tragischen Ausgang.

Schon im Titel schlägt dieser Erstling Dostojewskijs, dem bis 1849 elf weitere Erzählungen folgen werden, ein Grundmotiv seiner ersten Schaffensperiode an: Es sind die »armen Leute«, die im Mittelpunkt seines Anteil nehmenden Interesses stehen, der wehrlose, gedemütigte Mensch am Rand der Gesellschaft, der um seine Selbstachtung kämpft. Ihre Bedrohung und Zerstörung führen zum Verlust der inneren Freiheit, in die völlige Abhängigkeit von den gesellschaftlichen Autoritäten und zum Untergang der Person. In immer neuen Ansätzen wird Dostojewskij zeigen, wie äußere Armut und Abhängigkeit unauflösbar verbunden sind mit tief greifenden inneren Verletzungen, mit Verbiegungen und Verkrüppelungen des Selbstwertgefühls, die äußeres und inneres Zugrundegehen verknüpfen.

Begegnung mit Belinski und dem Sozialismus

Zum überragenden Erfolg von Dostojewskijs Erstlingswerk trägt bei, dass Sujet und Ton nicht nur im literarischen Trend der Zeit liegen. Während ungefähr ein Jahrzehnt zuvor die Romantik und der Idealismus die junge Intelligenz begeisterten und Schiller zu den Lieblingsautoren der damaligen Jugend gehörte, wendet sich das Interesse in den vierziger Jahren immer deutlicher sozialen Fragen zu. Am Westen orientierte Kreise messen die russische Wirklichkeit besonders an sozialen Maßstäben, die sie zunächst vom französischen Sozialutopismus übernehmen. Vor allem die immer noch bestehende Leibeigenschaft ist ein ständiger Stein des Anstoßes. Da Russland unter Nikolaus I. ein sehr restriktiv regierter Staat ist, der auf Ideen, die nicht regierungskonform sind, zunehmend empfindlich reagiert, kommt nun der Kunst, insbesondere der Literatur, als Enthüllerin und Anklägerin sozialer und politischer Missstände eine umso wichtigere Rolle zu.

Hier spiegelt sich in Dostojewskijs Entwicklung die allgemeine Entwicklung wider. Welche Bedeutung für ihn Honoré de Balzac und George Sand als Vertreter des französischen Sozialromans hatten, wurde schon erwähnt. Das große russische Vorbild für die jungen Dichter ist Gogol. Wegweisend für den sozial engagierten Realismus, der nun verlangt wird, ist dessen Novelle »Der Mantel«, die 1842 erschien. Ihr Held ist ebenfalls ein kleiner Beamter, der an der Gleichgültigkeit und Ungerechtigkeit der Bürokratie zugrunde geht.

Der überragende, bestimmende Kritiker, der diese Tendenz, die so genannte Anklageliteratur, mit Leidenschaft fördert, ist Wissarion Belinski. Selbst aus unteren Schichten stammend, wird er in engagierter Opposition zur »abscheulichen russischen Wirklichkeit seiner Zeit« der politische, soziale und philosophische Führer der jungen intellektuellen Generation. Die Entwicklung seiner Überzeugungen führt Belinski, der, erst siebenunddreißigjährig, an der Schwindsucht stirbt, in beträchtlicher Geschwindigkeit vom deutschen Idealismus über Hegel und Feuerbach zum Positivismus und schließlich zum Materialismus. Dieser Weg bringt ihn auch von einer Distanziertheit gegenüber Kirche und Religion zu immer radikalerer Auflehnung gegen sie. Ziel seines Kampfes, den er als engagierter Publizist führt, ist die Befreiung Russlands aus der Vormundschaft des zaristischen Regimes und der Kirche.

Auf dieses Engagement treffen nun Dostojewskijs *Arme Leute*. Im Autor dieses Werkes glaubt Belinski ein viel versprechendes Talent zu erkennen, das seinen sozialen und politischen Anliegen verpflichtet ist. Zwischen beiden entwickelt sich zunächst eine sehr enge Beziehung. Belinski führt Dostojewskij ins literarische Leben ein, stärkt ihn für Verhandlungen mit Verlegern und schreibt für die *Armen Leute* eine glänzende Rezension. »Ehre dem Dichter, der die Menschen in Dachstuben und Kellern liebt und den Bewohnern goldener Paläste von ihnen erzählt: Dies sind doch auch Menschen, sie sind eure Brüder.«[48] Vor allem aber führt er Dostojewskij in die Gedankenwelt des Sozialismus ein, der auf sein Gerechtigkeitsempfinden und auf sein Interesse an den Schwachen und Benachteiligten eine starke Anziehungskraft ausübt.

Die spätere Entfremdung zwischen beiden, die zu einer Abkühlung ihrer Beziehung und schließlich zum Bruch führen wird, scheint zunächst mit der Enttäuschung der Erwartungen zusammenzuhängen, die Belinski in Dostojewskijs schriftstellerische Begabung setzte. Dostojewskijs nächste Erzählungen schlagen Töne an, die nicht mit Belinskis Ansichten über die Aufgaben des Schriftstellers im Russland des 19. Jahrhunderts übereinstimmen. In der zuletzt heftigen Ablehnung Belinskis durch Dostojewskij scheint sich eher dessen eigene Auseinandersetzung mit dem Sozialismus abzuzeichnen, dem er in seiner Jugend anhing, den er aber später als atheistische Ideologie bis zum Endes seines Lebens bekämpft.

Es ist besonders der Atheismus Belinskis, seine abfälligen Äußerungen über Christus, den Glauben und die Kirche, die Dostojewskij noch im Rückblick so ergrimmen. Über 35 Jahre später, im *Tagebuch eines Schriftstellers*, schreibt er: *»Doch als Sozialist musste er natürlich als Erstes das Christentum niederwerfen. Er wusste, dass die Revolution unbedingt mit dem Atheismus beginnen müsse. Es galt für ihn also, zunächst die Religion niederzureißen, aus der die sittlichen Grundlagen der von ihm bekämpften Gesellschaft hervorgegangen waren.«*[49] In diesem Zusammenhang erinnert sich

[48] Aus Belinskis Rezension der *Armen Leute*, zitiert bei Kjetsaa, S. 63
[49] *Tagebuch*, Jg. 1873, S. 20

Dostojewskij an eine Szene, die den Nerv seiner eigenen Überzeugungen berührte:

»Aber da gab es nun doch die strahlende Persönlichkeit Christi selbst, gegen die am schwersten zu kämpfen war. ... ›Ja wissen Sie auch‹, rief B. eines Abends mit seiner heiseren Stimme mir zu, ... ›wissen Sie auch, dass man dem Menschen nicht seine Sünden anrechnen und ihn mit Schulden und hingehaltenen Backen belasten darf, wenn die Gesellschaft so gemein eingerichtet ist, dass sie es dem Menschen unmöglich macht, keine Verbrechen zu begehen, wenn er ökonomisch zum Verbrechen gezwungen wird, und dass es sinnlos und grausam ist, vom Menschen etwas zu verlangen, was er schon aufgrund der Naturgesetze gar nicht erfüllen könnte, selbst wenn er es wollte.‹ ... ›Eigentlich rührt es mich geradezu, wenn ich ihn so vor mir sehe‹, unterbrach B. plötzlich seinen wütenden Ausbruch, indem er sich zu seinem Freunde wandte und dabei auf mich wies: ›Jedesmal, wenn ich so wie jetzt von Christus rede, verändert sich sein ganzes Gesicht, als wollte er gleich zu weinen anfangen ... Aber glauben Sie doch, Sie naiver Mensch‹, fiel er wieder über mich her, ›so glauben Sie es doch, dass Christus, wenn er in unserer Zeit geboren wäre, sich als der unauffälligste und gewöhnlichste Mensch erweisen würde; er verschwände nur so angesichts der heutigen Wissenschaft und der heutigen Beweger der Menschheit.‹« Dostojewskij sagt selbst rückblickend im Tagebuch von sich: »... *Er mochte mich nicht mehr, aber ich hatte damals mit Leidenschaft seine ganze Lehre aufgenommen.«*[50]

Auch wenn dahingestellt bleiben muss, wie weit nachträglich der alte, in seinen Überzeugungen gewandelte Dostojewskij den jungen, beunruhigten von damals überblendet, so ist doch anzunehmen, dass schon damals die Gestalt Christi einen zentralen Platz im Herzen Dostojewskijs hatte. Die Frage nach der Ordnung des menschlichen Zusammenlebens, nach den Bedingungen der Brüderlichkeit, nach dem Verhältnis von Freiheit und Glück und die alles entscheidende Frage nach der Existenz Gottes werden später in den dramatischen Auseinandersetzungen seiner großen Romane immer präsent bleiben. Sie hätten ohne tiefste Infragestellung seiner ursprünglichen Überzeugungen nicht in dieser Radikalität aufge-

[50] ebd., S. 21f, 23

worfen werden können. Gerade diese späten heftigen Auseinandersetzungen mit dem längst Verstorbenen machen deutlich, was für eine entscheidende Rolle Belinski in Dostojewskijs Werdegang gespielt hat.

Krise des literarischen und gesellschaftlichen Erfolgs

»Ja, Bruder, ich glaube, mein Ruhm steht jetzt in seiner höchsten Blüte. Man bringt mir überall unglaubliche Achtung und kolossales Interesse entgegen. Ich habe eine Menge höchst vornehmer Menschen kennen gelernt. ... Alle betrachten mich als ein Weltwunder.«[51]

Dieser Brief gibt einen Eindruck von der Stimmung, in der sich Dostojewskij Ende 1845 nach dem Erfolg der *Armen Leute* befindet. Den Sommer hat er bei der Familie seines Bruders in Reval verbracht, um sich zu erholen und in Ruhe an seiner nächsten Erzählung *Der Doppelgänger* zu arbeiten. Im Herbst, mit dem Eintreffen der Freunde nach dem Sommerurlaub, beginnt für Dostojewskij in Petersburg ein aufregendes Leben. Zu Anfang des Jahres noch vergraben in einem dunklen Zimmer, findet er sich nun im Glanz der Salons, unter Kerzen und Kronleuchtern, inmitten eines einflussreichen, glänzenden Kreises gebildeter Leute von Welt, die ihn um Lesungen aus seinem Werk bitten, nach seinen Plänen fragen, seine Meinung hören wollen.

Es ist der Kreis um den Dichter Panajew, in den Dostojewskij von seinen Freunden eingeführt wird. Er lernt anregende, geistreiche Menschen kennen, erhält schmeichelhafte Einladungen; er ist einer geworden, der »dazugehört«. Diese fast traumhafte Wendung seines Geschicks, die ihm nun als Bestätigung seiner schriftstellerischen Berufung erscheint, wirft ihn, den Labilen, Hochsensiblen und zu extremen Gemütsstimmungen Neigenden, aus dem Gleichgewicht.

Die Frau Panajews beschreibt Dostojewskijs Auftreten im Kreis der jungen Dichter, der sich in ihrem Haus traf: »Aufgrund seiner Jugend und Nervosität gelang es ihm nicht, sich den Umgangsfor-

[51] Ges. Briefe, S. 49 (an M.M.D., Petersburg, 16. Nov. 1845)

men anzupassen, und er begann, seiner hohen Meinung von sich als Schriftsteller und von seinem literarischen Talent überlaut Ausdruck zu verleihen. Überwältigt von seinem unerwarteten und strahlenden ersten Schritt in der Literatur, überschüttet vom Lob sachkundiger literarischer Kritiker, konnte er gegenüber anderen jungen Autoren, deren Laufbahn einen bescheideneren Anfang genommen hatte, seinen Stolz nicht verbergen.«[52]

Die Folgen dieses Verhaltens lassen nicht lange auf sich warten. In Spottversen schildern ihn seine neuen Dichterfreunde als »Ritter von der traurigen Gestalt« und finden für ihn das unerfreuliche Bild von der neuen »roten Pustel auf der Nase der Literatur«. Aus dieser Zeit datiert auch die lebenslänglich gespannte Beziehung zu Turgenjew[52a], die in enthusiastischer gegenseitiger Bewunderung begonnen hat. *»Belinski behauptet, Turgenjew hätte sich in mich verliebt. Bruder, was ist das für ein herrlicher Mensch! Auch ich bin in ihn beinahe verliebt.«*[53] Zum endgültigen Bruch mit dieser Gruppe kommt es, als sich Turgenjew im Kreis amüsierter Zuhörer über einen Provinzler lustig macht, der sich für ein Genie hält. Tief getroffen verlässt Dostojewskij den Raum, um nicht wiederzukehren.

Nachdem im Januar 1846 in Petersburg *Arme Leute* endlich erschienen ist, folgt im Februar die Veröffentlichung der Erzählung *Der Doppelgänger (Dvoinik)*. Auch hier ist der Held der Erzählung ein kleiner Beamter. Zwar hat Goljadkin eine höhere Stellung erreicht als Dewuschkin in *Arme Leute*, aber er ist doch ein kleiner Mann, der bedrückt, eingeengt und eingeschüchtert ist durch die Vielzahl der Ränge in der Beamtenhierarchie über ihm. Auch er kann den Druck der beschränkten Verhältnisse auf seine Seele nicht abfangen, wobei dieser Druck für ihn vor allem durch seinen persönlichen Ehrgeiz fühlbar wird. Zunehmend unfähiger zu ungezwunge-

[52] zitiert bei Kjetsaa, S. 72f

[52a] Iwan Sergejewitsch Turgenjew (1818-1883), einer der großen russischen Schriftsteller des 19. Jahrhunderts. Er lebte vorwiegend im Ausland, besonders in Deutschland und Frankreich. In seinen Romanen greift er die Probleme Russlands aus westlich beeinflußter Sicht auf. Psychologisch, sozial und weltanschaulich steht er in äußerstem Gegensatz zu Dostojewskij, der sich nach erster schwärmerischer Bewunderung entschieden von ihm abwendet, um ihm in lebenslänglicher Gegnerschaft verbunden zu bleiben.

[53] siehe Anm. 41

nen Lebensäußerungen sucht er seinen Arzt auf, der ihm rät, einfach das zu tun, was er möchte und wovor er so unüberwindliche innere Hemmungen hat: Zerstreuungen, Ausfahrten, Geselligkeiten.

Im Eingehen auf diese Gewaltkur bringt er sich in eine extreme Lage: Er erscheint auf einem Ball, den sein Vorgesetzter zu Ehren seiner Tochter gibt, in die sich Goljadkin verliebt hat. Natürlich wird Goljadkin im Befolgen der Vorschriften seines Arztes in eine Katastrophe äußerster Peinlichkeit gerissen: Nach einem ertrotzten und missglückten Versuch, mit der Angebeteten zu tanzen, wird er vor die Tür gesetzt.

Unter dem Druck dieser Demütigung spaltet sich Goljadkins Persönlichkeit. Während er im novemberlichen Schneeregen durch die dunklen Petersburger Straßen nach Hause eilt, begegnet ihm plötzlich sein *»Doppelgänger«*, Goljadkin II., das andere Ich, das er nicht hatte realisieren können und dessen verdrängtes Eigenleben sich nicht hatte integrieren lassen. Goljadkins anfänglicher Versuch, mit seinem Doppelgänger im Guten auszukommen, scheitert. Goljadkin II. mischt sich immer aufdringlicher in Goljadkins Angelegenheiten ein, um ihn schließlich gänzlich aus dem Leben ins Irrenhaus zu drängen.

Die Anregungen aus den Werken der von ihm so hoch geschätzten Dichter Gogol und Hoffmann sind deutlich zu spüren. Aber sie führen Dostojewskij hier zu seinem eigensten Thema: Die den Menschen bestimmende Realität geht nicht auf in einer sozialpolitischen Analyse seiner Lebensumstände, sondern liegt in den nach eigenen Gesetzen wirkenden untergründigen Kräften seiner Seele. Vor der Begründung der Psychoanalyse durch Freud ist diese Sicht der Wirklichkeit ungewohnt und für die Masse des Leserpublikums befremdlich. Vor allem weicht diese Auffassung des Menschen, die die Schuld an seinem Elend nicht allein in den gesellschaftlichen Bedingungen sieht, von der Linie der Tendenzliteratur ab, die die realistische Beschreibung der jammervollen Lebensumstände zur kritischen Auseinandersetzung der Leser mit der gesellschaftlichen Realität instrumentalisieren möchte. Belinski, der bei der ersten Lesung aus dem *Doppelgänger* noch begeistert war von den psychologischen Feinheiten, meint später zum ganzen Werk: »Das Phantastische hat in unserer Zeit seinen Platz in den Irrenanstalten, nicht in der Literatur, und es sollte unter die Obhut von Ärzten gestellt werden, nicht unter die von Dichtern.«[54] Dostojewskij selbst arbeitete gerade an dieser Erzählung mit großer innerer Überzeugung.

Berauscht und beschwingt vom Erfolg von *Arme Leute* schreibt er im November 1845 an Michail: *»Goljadkin gerät mir großartig, es wird ein Meisterwerk werden.«*[55] Um so schwerer trifft ihn die zurückhaltende, ja ablehnende Reaktion der Leser. Am 1. April 1846 gesteht er Michail: *»Unangenehm und qualvoll ist es aber für mich, dass meine eigenen Freunde, Belinski und die anderen, mit meinem Goljadkin unzufrieden sind. Alle, d. h. meine Freunde und das ganze Publikum, erklären einstimmig, dass mein Goljadkin langweilig und fad sei und so sehr in die Länge gezogen, dass man ihn unmöglich lesen könne. ... Was mich betrifft, so war ich für einige Zeit völlig entmutigt. Ich habe ein entsetzliches Laster: Ich bin unerlaubt ehrgeizig und eitel. ... Der Gedanke, dass ich alle auf mich gesetzten Hoffnungen betrogen und ein Werk, dass sehr bedeutend hätte werden können, verdorben habe, bedrückt mich schwer.«*[56] Etwa dreißig Jahre später wird Dostojewskij sagen, dass die Form der Erzählung zwar unglücklich gewesen sei, die Idee aber sehr gut, und dass er nie etwas Seriöseres in die Literatur eingebracht habe.[57] Zunächst aber löst dieser Misserfolg eine schwere seelische und körperliche Krise aus. Er meint es wörtlich, als er an Michail schreibt: »*Dies alles* (fremde und eigene Unzufriedenheit mit dem Doppelgänger) *versetzte mich für eine Zeit lang in die Hölle, ich war ganz krank vor Ärger.«*[58]

Die Hochstimmung nach dem Erfolg der *Armen Leute* weicht zeitweilig tiefer Melancholie. Drückende Geldnöte kommen dazu und eine Nervenkrankheit, die der späteren Epilepsie sehr ähnelt. Ihre Anfälle sind von Bewusstlosigkeit, jedoch nicht von Krämpfen begleitet. Dennoch arbeitet er weiter. Im Sommer, den er wieder in Re-

[54] zitiert bei Kjetsaa, S. 75

[55] siehe Anm. 41

[56] Ges. Briefe, S. 55

[57] Im *Tagebuch* von 1877, zitiert bei Lavrin, S. 17: *»Ich hatte nichts Ernsthafteres in der Literatur zustande gebracht als diese Idee.«* Aimée Dostojewski zitiert aus einem Brief ihres Vaters an Michail: *»Es war eine glänzende Idee, ein Typus von großer, sozialer Wichtigkeit, den ich geschaffen und als Erster verkündigt habe.«* (in: Dostojewski, geschildert von seiner Tochter A.D., Fußnote S. 59)

[58] Ges. Briefe, S. 55 (an M.M.D., Petersburg, 1. April 1846)

val bei seinem Bruder verbringt, schreibt er an der Erzählung *Herr Prochartschin* (s.u.), die im Oktober 1846 erscheint und die Reihe seiner Misserfolge fortsetzt. Das ist das endgültige Ende seiner hochfliegenden Träume von einem Leben auf den Wogen des Erfolgs.

In dieser ihn schwer bedrückenden Situation schliesst sich Dostojewskij dem Beketow-Kreis an. Einer der Brüder Beketow war sein Studienkollege an der Ingenieurakademie. Die jungen Leute dort sind Anhänger des utopischen Sozialismus und bemühen sich, ihren Überzeugungen entsprechend zu leben. Auf Dostojewskijs Anregen gründen sie eine Wohngemeinschaft, die für den seelisch, körperlich und finanziell angeschlagenen jungen Autor sehr hilfreich ist. Ende November 1846 schreibt er an Michail: *»Bruder, ich mache jetzt nicht nur eine moralische, sondern auch eine physische Wiedergeburt durch. Noch nie war in mir solche Klarheit, solch innerer Reichtum, noch nie war mein Charakter so gleichmäßig, meine Gesundheit so zufrieden stellend wie jetzt. Ich verdanke dies in hohem Grade meinen guten Freunden, mit denen ich lebe.«*[59] Dieser Kreis löst sich leider durch den Wegzug der Brüder Beketow Anfang des folgenden Jahres auf.

Eine weitere, für Dostojewskij sehr wesentliche Beziehung entsteht zu den Brüdern Apollon und Walerian Maikow aus dem Beketow-Kreis. Walerian ist ein junger Kritiker, dessen verständnisvolle Analyse der neuen Wirklichkeitssicht Dostojewskijs den durch Belinskis Urteil zum Teil verunsicherten Autor ermutigt und bestätigt. Nach dem frühen Tod Walerians im Jahre 1847 bleibt Dostojewskij bis zum Lebensende mit dem Lyriker Apollon Maikow verbunden. Er gehört zu den Freunden, von denen Dostojewskij auf dem Sterbebett Abschied nehmen wird.

Dostojewskij hat sich als junger Autor durchaus einen Namen gemacht, der ihm den Zugang zu geistig lebendigen, bedeutenden Kreisen und Persönlichkeiten der Petersburger Gesellschaft öffnet, deren Gedanken und Anregungen neben den Denkanstößen aus seiner breit gestreuten Lektüre seine geistige Welt mitformen. Er ist aber nicht das unangefochtene, ausschließlich bewunderte Genie, als das er sich im eingangs zitierten Brief an Michail empfand. Trifft er auf Vorbehalte und Kritik, zweifelt er bis zu Krankheitszuständen an der eige-

[59] Ges. Briefe, S. 64 (an M.M.D., Petersburg, 26. Nov. 1846)

nen Begabung. Es ist eine Zeit der oft schmerzhaften Begegnung mit einer neuen Welt, in der ihm seine extreme Unausgeglichenheit und das eigene überempfindliche und ehrgeizige Naturell im Umgang mit sich und mit den anderen die größten Schwierigkeiten machen.

Das literarische Frühwerk

Aus Dostojewskijs erster Zeit als unabhängiger Schriftsteller in Petersburg stammen zwölf Erzählungen, von denen er die letzte[60] schon in Haft schreibt und erst 1857 – unter anderem Namen – veröffentlicht. Außerdem hat er einen Roman[61] begonnen, dessen erste Fortsetzungen Anfang 1849 erscheinen. Durch die Umstände seiner Verhaftung setzt er die Arbeit dann nicht mehr fort und nimmt sie auch später nicht wieder auf.

Der übliche Weg, als Autor bekannt zu werden, führt ihn über Veröffentlichungen in Zeitschriften. Diese Zeitschriften bestehen aus einem zeitgeschichtlich-politischen und einem belletristischen Teil und sind im Russland jener Zeit außerordentlich beliebt und einflussreich. Allerdings stehen sie unter Zensur, die besonders in der Regierungszeit Nikolaus I. sehr streng ist. Wiederholt stößt man in Dostojewskijs Briefen auf Klagen über entstellende Kürzungen oder die Dauer der Prozedur. Die Zensoren arbeiten oft unverhältnismäßig langsam, zum Schrecken der Redakteure, die ihr Periodikum aus diesem Grund oft nicht rechtzeitig herausbringen können.

Anders als die meisten seiner Schriftstellerkollegen, die als Gutsbesitzer finanziell abgesichert leben, ist Dostojewskij gezwungen, sich durch Schreiben seinen Lebensunterhalt zu verdienen. Zeit seines Lebens steht er deshalb auch unter äußerem Schreibzwang. Dieser Umstand veranlasst ihn einmal zu der Äußerung, er sei *»Proletarier der Feder«*. Ein Hauch von Bitterkeit klingt aus späteren Äußerungen über glückliche Kollegen wie Tolstoi oder Turgenjew, die die nötige Muße haben, um an ihren Werken dem eigenen künstlerischen Gewissen entsprechend zu feilen. *Arme Leute* bleibt die einzige Erzählung, die er in dieser Sorgfalt wiederholt hat überarbeiten

[60] *Ein kleiner Held*
[61] *Netotschka Neswanowa*

können. Später wird er sogar manche seiner Romane nicht als Ganzes vor sich sehen, um sie abschließend überarbeiten und Unstimmigkeiten korrigieren zu können. Während er an einer vom Publikum dringend erwarteten Fortsetzung schreibt, ist der vorangehende Teil schon im Druck und seiner Korrektur entzogen. Ständig in Geldnot, ist er gezwungen, Vorschüsse zu nehmen, die er dann abzuarbeiten hat. Das bringt ihn in Abhängigkeit und unter Zeitdruck.

Bis auf drei Erzählungen (*Arme Leute*, *Roman in neun Briefen*, *Polsunkow*) veröffentlicht Dostojewskij seine ersten Werke in den »Vaterländischen Annalen« (»Otetschestwennye sapiski«), deren Herausgeber Andrei A. Krajewski ist. Er zahlt Dostojewskij Vorschüsse in kleinen Portionen und hält ihn, dem das Geld hoffnungslos unter den Fingern zerrinnt, auf diese Weise in ständiger Abhängigkeit.

Neben seinem unerschöpflichen Ideenreichtum ist dies der Grund, weshalb wir eine Reihe von Werken auch aus der Zeit besitzen, in der sich Dostojewskij als Schriftsteller entmutigt und verunsichert fühlt und unter erheblichen gesundheitlichen Beeinträchtigungen leidet. Seine Jugenddichtung ist vielleicht die vielfältigste seines Schaffens. Ton und Erzählweise wechseln ständig. In diesen eher kurzen Werken ziehen Trinker, Schmarotzer, Gestrandete, tapfere Kinder, ehrliche Diebe und betrügerische Ehrenmänner in bunter Reihe vorüber. Einige Typen begegnen dem Leser durchs ganze Werk hindurch in unterschiedlichen Varianten immer wieder.

1846, im selben Jahr wie *Der Doppelgänger*, erscheint die kurze Erzählung *Herr Prochartschin (Gospodin Prochartschin)*, die Charakterstudie eines Geizigen. Herr Prochartschin lebt als Mieter hinterm Wandschirm bei einer kleinbürgerlichen Wirtin. Unauffällig, zurückgezogen, eingetrocknet, von geradezu selbstmörderischem Geiz ist er Zielscheibe für die Neckereien der übrigen Untermieter. Erst nach seinem Tod entdecken sie: Seine alte, schmierige Matratze ist vollgestopft mit Rubeln und Kopeken. – Hier wird die Geldgier gedeutet als Versuch einer umfassenden existenziellen Absicherung. Die Matratze als überdimensionale Geldbörse, auf der Herr Prochartschin seine freien Stunden verdöst, auf die er sich in seinen letzten Lebensstunden presst, ist für ihn wie ein Floß über den Unsicherheiten und Abgründen des Lebens.

Mit dieser im Geiz versuchten Absicherung der eigenen Existenz auf Kosten der anderen wird ein Thema angeschlagen, das im späteren Werk Dostojewskijs ein Leitmotiv wird: die Abspaltung vom Ganzen, die De-Solidarisierung von der Gemeinschaft als Ursünde des Menschen und Ursache seines Unglücks. Dass dies ein Verhalten ist, das sich rächt, erfährt Herr Prochartschin im Traum: Mit einer Ansammlung von Menschen betrachtet er das Schauspiel eines brennenden Hauses. Die Menge, in der auch von ihm Betrogene auftreten, wendet sich plötzlich gegen ihn, um ihn zu erdrücken. In diesem Gerichtstraum erfährt er dazu die Nichtigkeit seiner Existenzabsicherung: Feuer erfasst auch die Matratze, auf der er liegt. In dem Todestraum Prochartschins sind Passagen erlebter Wirklichkeit mit Gedankenfetzen zu einer neuen Wirklichkeitsebene verflochten. Damit beginnt die Reihe der bedeutungsvollen Träume, denen in Dostojewskijs späteren großen Romanen immer wieder eine Schlüsselstellung zukommen wird.

Daneben lernt der Leser hier einen Autor kennen, der ihn zwingt hinzusehen, wo er lieber wegblicken würde, der ihm drastische, grotesk-makabre Szenen zumutet. Auch das ist charakteristisch für Dostojewskij: So wie er den Blick von der menschlichen Wirklichkeit auch in ihrer niedrigsten, brutalsten, gemeinsten Erscheinungsweise nicht abwenden wird, so wird er darauf bestehen, dass auch der Leser ohne Wehleidigkeit und Besorgtheit um sein seelisches Gleichgewicht dieser Wirklichkeit begegnet. Im Vergleich zu den präzise in den Details geschilderten Verbrechen seiner künftigen Romane erscheint die Szene an Prochartschins Totenbett, das von den Zimmergenossen »ausgeweidet« wird, während sein schon starrer, ehemaliger Besitzer zur Seite kullert, noch harmlos.

Eine weitere Studie eines Menschentyps, der Dostojewskij auch in seinen späteren Romanen beschäftigen wird, ist der Held der Erzählung *Polsunkow*, ein erbärmlicher und doch auch rührender und liebenswürdiger Schmarotzer, dessen tiefste Befriedigung darin besteht, eine Gesellschaft zu erheitern, und der bereit ist, sich selbst bloßzustellen, wenn sich nur aus dem eigenen Ungeschick eine Geschichte machen lässt, die seine Zuhörer zum Lachen bringt. Und im Geheimen ist dieser selbe Mensch ständig beunruhigt und besorgt, man könne über ihn statt über seine Geschichten lachen.

Ende des Jahres 1848, aus dem allein fünf Erzählungen stammen, erscheint *Die Wirtin (Chosjaika)*. Dieses kleine Werk in romantischer, balladenhafter Tonart schildert vordergründig ein Dreiecksverhältnis: Eine bezaubernd schöne junge Frau aus dem Volk, ihr älterer Mann, eine hohe, düstere Erscheinung, der gelegentlich an epileptischen Anfällen leidet, und der junge, überempfindsame und in die junge Frau verliebte Gelehrte, der bei diesem seltsamen Paar zur Miete wohnt. Obwohl in den Mieter verliebt, ist die junge Frau unfähig, ihren alten Gebieter zu verlassen. Dem jungen Gelehrten, der unter diesem Verhältnis zusammenbricht, wird klar, dass der alte, geheimnisvolle Ehemann *»die freie unabhängige Seele so weit gebracht hatte, dass sie schließlich unfähig geworden war, sich gegen ihn aufzulehnen oder sich zu einem freien Entschluss und Durchbruch ins wirkliche Leben aufzuraffen«*.[62]

Die romantisch-folklorehafte Stimmung wird so bei Dostojewskij nicht wieder auftauchen. In dem eigenartigen Alten, der so gut die menschliche Seele zu manipulieren weiß, deutet sich umrisshaft die Gestalt des späteren Großinquisitors an. Er kennt die Gleichzeitigkeit von Freiheitsstreben und der Unfähigkeit zur Freiheit in der schwachen menschlichen Seele und zieht aus diesem Wissen seine Macht. Belinski lehnt die Erzählung entschieden ab und nennt sie einen »schauderhaften Blödsinn«.

Ein schwaches Herz (Slaboe serdze, 1848) schildert den Untergang eines jungen Kanzleischreibers aus zu großer Dankbarkeit. Die Tatsache, dass er mit einer – wie sich später herausstellt – gar nicht so eiligen Schreibarbeit nicht rechtzeitig fertig wird, erscheint ihm als erdrückender Beweis seiner Undankbarkeit und Unwürdigkeit seinem wohlwollenden Vorgesetzten gegenüber. Im Bemühen, die Arbeit doch noch fertig zu stellen, überarbeitet er sich und verliert den Verstand. *»So ist denn der Mensch um nichts und wieder nichts zugrunde gegangen«*, bemerkt der menschlich fühlende Vorgesetzte zum Schluss traurig.[62a]

Außerdem schreibt Dostojewskij in diesem Jahr eine sarkastische Skizze über den gesellschaftlich sanktionierten Missbrauch der Ehe zur Vermögensbildung: *Weihnachtsbaum und Hochzeit. Aus den Aufzeichnungen eines Unbekannten (Elka i swadba*, 1848), die Erzählung *Der ehrliche Dieb (Tschestny wor*, 1848) und schließ-

[62] *Die Wirtin*, in: *Der Doppelgänger*, S. 569
[62a] *Ein schwaches Herz*, in: *Der Doppelgänger*, S. 654

lich einen *Roman in neun Briefen* (*Roman w dewjati pismach*).

Neben *Arme Leute* wurde der empfindsame Roman *Helle Nächte* (auch *Weiße Nächte*; *Belye notschi*, 1848) zum vielleicht bekanntesten Werk Dostojewskijs aus dieser ersten Petersburger Zeit. Es ist die in der Ich-Form erzählte Geschichte eines jungen Träumers, der auf einem Spaziergang in einer der berühmten Petersburger »weißen Nächte« ein junges Mädchen kennen lernt, das ihn zum Vertrauten seines Liebeskummers macht. Natürlich verliebt er sich in sie. Die Liebe scheint gegenseitig werden zu können, aber da kehrt der treulos Geglaubte zurück, und Nastenkas Herz fliegt ihm wieder zu. Der junge Träumer überwindet die Enttäuschung der eigenen Wünsche in der Mitfreude an Nastenkas erneuertem Glück. Es ist ein lyrisches, zartes Werk, dessen Atmosphäre von einem ganz anderen Petersburg als dem der *Armen Leute* bestimmt ist. Statt schmutziger Hinterhöfe, dunkler Straßen und nasskaltem Novemberwetter trifft der Leser auf Spaziergänger im kaiserlichen Sommergarten, auf vornehme Häuserfronten in Pastelltönen und ein Petersburg im jungen Grün. Doch wird auch deutlich, dass der Held dieser Erzählung, der Träumer, ein gefährdeter Mensch ist, der sich auf Kosten eines wirklich gelebten Lebens völlig in seine Phantasien einzuspinnen droht.

Die hier beschriebene Konstellation eines Dreiecksverhältnisses, in dem der leer ausgehende Liebhaber seinem glücklicheren Rivalen sozusagen in die Hand arbeitet und seine eigene Enttäuschung selbstlos überwindet, wird wieder aufgenommen im Roman *Die Erniedrigten und Beleidigten* (1861), nachdem Dostojewskij im eigenen Leben mit einer ähnlichen Rolle konfrontiert worden ist.

Die letzte Erzählung aus jener Epoche, *Ein kleiner Held* (*Malenki geroi*, 1857), entstand 1849 in der Peter-Pauls-Festung. Es ist die Geschichte eines etwa elfjährigen Knaben, der in scheuer Verehrung für eine schöne und unglückliche junge Dame der Petersburger Gesellschaft seiner Kindheit entwächst. Die Atmosphäre dieser Erzählung ist untypisch für Dostojewskijs Werk. Das Leben auf dem Land und die sommerliche Natur bilden den Hintergrund der Ereignisse. Die auftretenden Personen sind Sommergäste, die das Leben in Spielen, Ausfahrten und Festen genießen. Fast scheint es, als flüchte der Dichter aus den feuchten Kasematten der Festung in einen hellen Sommertag seiner Kindheit, die er selbst so heiter und festlich nicht erlebt hat.

Auch Kindern und ihren Schicksalen wird der Leser in Dostojewskijs späterem Werk immer wieder begegnen. Der unvollendet gebliebene Roman *Netotschka Neswanowa*, dessen erste Folgen 1849 erscheinen, schildert im ersten Teil die Heldin als Kind, das in beengten, notvollen Verhältnissen aufwächst, nach dem Tod seiner Mutter und seines Stiefvaters, eines genialen, aber verkommenen Musikers, von einem begüterten Aristokraten in dessen Familie aufgenommen wird und danach die Jugendjahre bei einer jungen Pflegemutter aus demselben vornehmen Haus verbringt. Dort beobachtet sie, auf welch unmenschlichen Manipulationen die Herrschaft des nach außen hin untadeligen und zuvorkommenden Gatten über seine unglückliche Frau beruht. Neben der eindringlichen Darstellung der Nöte, Wünsche und Fragen eines Kindes und einer Kinderfreundschaft, die das Erotische streift, spiegeln sich auch eigene, bittere Erfahrungen mit den ehemaligen Künstlerfreunden.

Der Autor selbst ist in diesen Erzählungen vielfältig präsent und tritt dem Leser in den unterschiedlichsten Gestalten und Erfahrungen gegenüber: als übersensibler junger Mann und gefährdeter Träumer, den seine heftigen Emotionen und wirklichkeitsfernen Phantasien krank machen, und als Neuling in der Gesellschaft, schüchtern, forsch und eitel zugleich, der jede kleine Ungeschicklichkeit seinerseits als peinvolle Demütigung erlebt. Auch später schildert Dostojewskij immer wieder mit der Treffsicherheit des Betroffenen peinliche Situationen, ja gesellschaftliche Katastrophen mit alptraumhafter Ausführlichkeit.

In dieser Lebens- und Schaffensphase sucht er als Mensch und Dichter seinen Standort und erprobt die verschiedenen Tonarten seiner Kunst. Der mitfühlende Blick, der in den kleinen, niedrigen, an den Rand gedrängten Existenzen von *Arme Leute* die getretene Menschenwürde des Bruders entdeckt, dringt zusehends tiefer, trifft auf die Vielschichtigkeit und Unberechenbarkeit der menschlichen Seele, die Gefährdung ihrer rationalen und willensbestimmten Tagseite durch die dunkle Gewalt der Emotionen, Süchte und verdrängten Triebkräfte. In dieser Spannung deutet sich die Frage nach Schwäche und Stärke des Willens als Gradmesser für das Selbstwertgefühl an. Goljadkins Frage: *»Wer bin ich, ein Lappen oder Garibaldi?«* wird über die spöttische Frage des Prochartschin: *»Sind Sie etwa ein Napoleon?«* später in *Schuld und Sühne* zur fixen Idee Raskolnikows, für den sich in der Umsetzung des geplanten Mordes in die Tat entscheiden muss, ob er *»Napoleon oder eine Laus«* ist. Eine offen gestellte Frage nach Gott oder Spuren unmittelbarer christlicher Existenzdeutung in den Lebensfragen und -nöten seiner Gestalten lassen sich im Frühwerk Dostojewskijs noch nicht erkennen. Krise, Tod und Auferstehen, wie es Rodion Raskolnikow in *Schuld und Sühne* erlebt, suchen wir vergebens. Dostojewskij selbst steht noch vor der Katastrophe, durch die seine eigene innere Welt neuen Grund findet.

Im Kreis der Petraschewzen

Mittlerweile aber hat Dostojewskij eine Bekanntschaft gemacht, die sein Leben in nachhaltigster Weise verändern wird: Nach flüchtigem, zufälligem Kontakt mit einem stadtbekannt extravaganten Herrn, Michail Butaschewitsch-Petraschewski, hat Dostojewskij seit der Fastenzeit 1847 begonnen, dessen Zirkel unregelmäßig zu besuchen. Es ist eine bunte Gesellschaft, die sich an den Freitagabenden dort trifft: höhere Beamte, Studenten, Schriftsteller, Offiziere. Das, was diese Menschen zusammenführt, ist die Unzufriedenheit mit den Zuständen in Russland: der Zensur, der Justiz und besonders der noch immer bestehenden Leibeigenschaft der Bauern.

Für Zar Nikolaus I., unter dessen Herrschaft Dostojewskij die erste Hälfte seines Lebens verbringt, war der Dekabristenaufstand[63] 1825, in den allerersten Anfängen seiner Regierung, eine traumatische Erfahrung. Ziel dieses Aufstands war gewesen, das Zarentum zugunsten einer Regierungsform nach westlich-demokratischen Vorstellungen abzuschaffen und dem Land eine neue soziale Ordnung zu geben. Er ging von einer Reihe adeliger Offiziere aus, die im Zuge der Napoleonischen Kriege nach Westeuropa gekommen waren und dort die Diskussionen um freiheitliche demokratische Staatsformen kennen gelernt hatten. Der schlecht vorbereitete Aufstand wurde rasch niedergeschlagen, fünf Hauptschuldige wurden gehängt und etwa hundert Beteiligte zur Zwangsarbeit nach Sibirien geschickt. Die Haltung der Offiziere und besonders vieler ihrer

[63] Nach dem Monat des Aufstands, »dekabr« = Dezember benannt

Frauen und Schwestern, die freiwillig alles verließen um mit ihnen zu ziehen, machten jedoch in der Bevölkerung großen Eindruck. Der Aufstand war zwar niedergeschlagen, aber seine Ideen lebten weiter.

Nikolaus I., ursprünglich nicht für die Regentschaft bestimmt, hatte vor seinem Herrschaftsantritt einen hohen Rang beim Militär bekleidet. Von seinem ganzen Wesen her war er nicht Politiker, sondern Offizier, für den sich die Weltordnung »in Befehlen und Gehorchen«[64] erschöpfte. Er zeigte sich unfähig, die neuen Ideen und Bestrebungen in geeigneter Weise aufzunehmen. Während seiner Regierungszeit entwickelte sich Russland immer mehr auf einen repressiven Polizeistaat zu. 1848 verstärkten die revolutionären Entwicklungen in Europa seine reaktionäre Grundhaltung. Nikolaus war aufs Höchste alarmiert. Die revolutionären Flammen sollten keinesfalls auf Russland übergreifen. Zwölf Zensurkomitees hatten die Untertanen von aufrührerischen Gedanken abzuschirmen.

Diese Entwicklung muss auf die entschiedene Ablehnung des Schiller-Verehrers Dostojewskij stoßen, den das ungestüme freiheitliche Pathos der »Räuber« bis zum Ende seines Lebens bewegt. Dazu kommt seine tiefe Anteilnahme am Ergehen der sozial Benachteiligten, die durch die Zementierung des gesellschaftlichen Status quo in unwürdigen Lebensverhältnissen gefangen bleiben.

Der neue Kreis bietet neben der Möglichkeit freier Meinungsäußerung in politischen Fragen einen weiteren Vorteil: Petraschewski verfügt über eine stattliche Bibliothek verbotener Bücher. Die Zensurbestimmungen sind zwar sehr eng, lassen sich aber nicht lückenlos überwachen. So haben gerade »gefährliche« Bücher aus dem Ausland in erstaunlicher Menge ihren Weg nach Russland gefunden. Die Liste der aus Petraschewskis Bibliothek entliehenen Bücher zeigt, dass sich Dostojewskij intensiv mit dem Gedankengut des utopischen Sozialismus auseinander setzt, der das *»christliche Ideal«* in einer neuen sozialen Gesellschaftsform der Zukunft verwirklichen will. Gleichzeitig beschäftigt er sich mit der kritischen Leben-Jesu-Forschung von Strauß.[65]

[64] Günther Stökl, Russische Geschichte, Stuttgart 1973, S. 476

[65] David Friedrich Strauß (1808-1874), deutscher evang. Theologe, Mitbegründer der Leben-Jesu-Forschung. Für ihn sind Leben und Gestalt Jesu in den biblischen

Es ist anzunehmen, dass Dostojewskij zu jener Zeit von dem Bemühen umgetrieben ist, sozialistische Fragestellungen und Ziele mit seinen christlichen Grundüberzeugungen zu vereinen, denen er, im Gegensatz zu einem großen Teil der Intellektuellen seiner Generation, verbunden bleibt. Dostojewskijs Arzt aus dieser Zeit, Dr. Janowski, berichtet, Dostojewskij sei mit ihm in den Jahren 1847 und 1848 zur Osterbeichte und zum Osterabendmahl gegangen. Er, Janowski, habe Dostojewskijs Festigkeit und Rechtgläubigkeit bewundert.[66] Er überliefert auch, Dostojewskijs wirksamste Medizin gegen Krankheiten der Seele sei das Gebet gewesen. Aber Dostojewskij hat einen viel zu beweglichen, wachen und scharfen Geist, um nicht von den ringsum leidenschaftlich diskutierten Theorien des Sozialismus betroffen zu sein. Später, im *Tagebuch* von 1877, fasst Dostojewskij die Überzeugungen, die in diesem Kreis herrschten und die er eine Zeit lang geteilt hatte, so zusammen: *»Es ist wirklich wahr, dass der Sozialismus damals, mit dem Christentum verglichen, als eine Verbesserung und Korrektur desselben erschien, die man den Ansprüchen der Zivilisation und denen des Jahrhunderts angepasst hatte. All die neuen Ideen gefielen uns in Petersburg ungemein, sie schienen uns im höchsten Maß heilig und ethisch zu sein und vor allem – allmenschlich, ein zukünftiges Gesetz für die ganze Menschheit ohne Ausnahme.«*[67]

In der gespannten Atmosphäre von 1848 wird Dostojewskij ein regelmäßiger Besucher der Freitagabende bei Petraschewski. Obwohl von notwendigen Veränderungen geredet wird, schätzt ein Mann wie Bakunin[68] die revolutionäre Potenz des Kreises als unbe-

Berichten historisch nicht greifbar; die Evangelien enthalten »Christusmythen« als zeitbedingte Gestalt der Idee der Gottmenschlichkeit, die ihm zur Grundlage christlicher Wahrheit und christlichen Glaubens wird.

[66] Nötzel, Das Leben Dostojewskis, S. 229

[67] *Tagebuch*, Jg. 1873, S. 70

[68] Michail A. Bakunin (1814-1876), herausragende Gestalt der revolutionären Bestrebungen in Russland. Seit 1841 im Westen. In Paris tritt er in nähere Beziehungen zu Proudhon und Marx, ist 1849 in Dresden Mitglied der revolutionären Regierung, wird zum Tode verurteilt und 1851 an Russland ausgeliefert. In Sibirien, wohin er 1857 nach seiner Haft in der Peter-Pauls-Festung verschickt wurde, gelingt ihm die Flucht über Japan und Amerika nach London. Dort setzt er sich mit Herzen in Verbindung. Von der Ersten Internationale, an der er sich beteiligt, wird er seiner anarchistischen Überzeugung wegen ausgeschlossen.

deutend ein und nennt die Versammlung in einem Brief an Herzen[69] die »unschuldigste und harmloseste Gesellschaft«.

Dostojewskijs Rolle und Bedeutung in diesem Kreis bleibt umstritten. Zu Petraschewski selbst hat er keine näheren Beziehungen. Er lehnt seine Haltung ab, die sich, ähnlich der Belinskis, vom christlichen Sozialismus zum Materialismus und der daraus resultierenden Ablehnung des christlichen Glaubens entwickelt hat. Dostojewskij liegt vor allem die Bauernbefreiung am Herzen. Das wiederholte Vorlesen des flammenden offenen Briefes, den Belinski an Gogol auf dessen Verteidigung der Leibeigenschaft hin geschrieben hat[70], ist ein gewichtiger Anklagepunkt im späteren Prozess gegen Dostojewskij. Überlegungen zu gewaltsamen Veränderungen gegenüber soll er sehr zurückhaltend gewesen sein.

Um so merkwürdiger ist es, Dostojewskij im Winter 1848/49 als Mitinitiator des Durow-Kreises[71] zu finden, einer linken und radika-

[69] Alexander I. Herzen (1812-1870), bedeutendster russischer Publizist des 19. Jh. Das von Dostojewskij vertretene »Volksbodentum« als Synthese des Westler- und Slawophilentums geht auf ihn zurück. Dostojewskij stand ihm mit Sympathie gegenüber. Nachdem er 1847 Rußland verlassen hatte, gab er von 1857-67 in London die Zeitschrift »Kolokol« (Die Glocke) heraus, die einen großen Einfluss auf die öffentliche Meinung in Russand hatte.

[70] Zu Beginn des Jahres 1847 hatte Gogol seine »Auswahl aus einem Briefwechsel mit Freunden« veröffentlicht. Die dort vorgetragene verklärende Sicht und Rechtfertigung der russischen Wirklichkeit reizte Belinski aufs Äußerste. Sein offener Brief aus Salzbrunn vom 15. Juli 1847, wo er sich zur Behandlung seiner Lungenkrankheit aufhielt, ist ein leidenschaftlicher Protest gegen Gogols Sicht. Dieser Brief zirkulierte auch im Kreis der Petraschewzen und wurde von Dostojewskij wiederholt vorgelesen. Zu Gogols Sicht der russischen Glaubwürdigkeit schreibt Belinski dort: »Seltsam! Nach Ihrer Auffassung ist das russische Volk das religiöseste Volk auf der Welt: Lüge! Grundlage der Religiosität ist der Pietismus, die Andacht, die Furcht Gottes. Doch der russische Mensch spricht den Namen Gottes aus, indem er sich den Hintern kratzt . . . Schauen Sie ein wenig aufmerksamer zu, dann werden Sie sehen, dass es von Natur aus ein tief atheistisches Volk ist. In ihm herrscht noch viel Aberglauben, aber von Religiosität ist in ihm auch keine Spur zu finden.« (in: Bernhard Schultze, Wissarion Grigorjewitsch Belinski, Wegbereiter des revolutionären Atheismus in Russland, München/Salzburg/Köln 1958, S. 152)

[71] Sergei F. Durow (1816-1869), Schriftsteller; Übersetzungen von Horaz, Dante, Béranger, Byron. Obwohl er sich durch seine ausgesprochene Religiosität von den meisten Petraschewzen unterschied und später im selben Straflager wie Dostojewskij war, stand Letzterer ihm doch sehr distanziert gegenüber; während ihrer Sträflingszeit hatten sie keine Verbindung zueinander.

len Abspaltung des Petraschewski-Zirkels. Dabei spielt die Begegnung mit einer Persönlichkeit eine Rolle, unter deren Bann Dostojewskij zunehmend geraten ist, obwohl ihre Überzeugungen den seinen zutiefst entgegengesetzt sind: Nikolai Speschnjow. Dostojewskij ist fasziniert von der dunklen, eleganten Schönheit und Lebensart des Aufrührers Speschnjow, der den Kreis um Petraschewski seit Dezember 1847 frequentiert und ein Kosmopolit mit Kontakten zu konspirativen Gruppen im Ausland ist. Er muss eine Persönlichkeit gewesen sein, die bis zum Ende ihres Lebens große Macht auf Menschen ausübte.

Speschnjow durchschaut schnell die Ineffektivität der Petraschewski-Versammlungen, die er im Dezember 1848 wieder verlässt. Stattdessen gründet er eine »Russische Gesellschaft«, die durch Agitation quer durch alle Bevölkerungsschichten die Unzufriedenheit schüren und die Vorbedingungen für eine politische Umwälzung schaffen soll. Speschnjow hat Dostojewskij unter seinen Einfluss zu bringen gewusst. Dostojewskijs damaliger Gesundheitszustand lässt aber vermuten, dass es ein Hingezogensein wider sein Gewissen ist. Dr. Janowski berichtet, Dostojewskij habe sich zu jener Zeit immer unfreier gefühlt, sei niedergeschlagen, reizbar und nervös gewesen und habe unter Schwindelanfällen gelitten. Die Abhängigkeit von Speschnjow scheint fast hoffnungslos, da Dostojewskij sich von ihm eine beträchtliche Summe geliehen hat, die er auf absehbare Zeit nicht zurückzahlen kann. Er habe sich seinen Mephisto selbst aufgehalst, bemerkt er zu Dr. Janowski. Später wird Dostojewskij von dieser Zeit sagen: *»Ich hätte den Verstand verloren, wenn die Katastrophe, die mein Leben änderte, nicht eingetreten wäre.«*[72]

Unterdessen ist auch im Petraschewski-Kreis die Sprache immer herausfordernder geworden: »Wir haben die bestehende soziale Ordnung bereits zum Tode verurteilt – bleibt uns nur noch, das Todesurteil zu vollstrecken«, sagte Petraschewski in seiner Rede zu Fouriers Geburtstag am 7. April 1849.[73] Ein Anfang 1849 in den

[72] zitiert bei Kjetsaa, S. 88

[73] Nötzel, Das Leben Dostojewskis, S. 234. – Charles Fourier (1772-1837) entwickelte ein System des utopischen Sozialismus, in dem eine föderative Vereinigung kleiner, selbständiger Gemeinschaften der Verwirklichung von Frieden und Glück dienen sollte.

Kreis eingeschleuster Spion hat fleißig mitgeschrieben und ausführliche Diskussionsprotokolle geliefert. Ein Jahr lang hat man die Gruppe überwacht. Jetzt schreitet man zur Tat. Am 23. April 1849 frühmorgens wird Dostojewskij verhaftet und ebenso wie 33 weitere Mitglieder des Petraschewski-Kreises in die Peter-Pauls-Festung gebracht.

In der Peter-Pauls-Festung

Insgesamt sitzt Dostojewskij, wie die anderen »Petraschewzen«, acht Monate in der besonders streng bewachten Abteilung der Festung. Am schlimmsten sind die beiden ersten Monate in völliger Isolation. Die Verhafteten sehen außer ihren Bewachern niemanden, sie dürfen weder schreiben noch Briefe empfangen, jede Beschäftigung ist ihnen untersagt. Die Zellen sind klein, düster, stickig und so feucht, dass die Kleidungsstücke zu schimmeln beginnen. Alles ist darauf angelegt, den Widerstand der Gefangenen zu brechen. Zwei Mitgefangene verlieren den Verstand.

Um so erstaunlicher ist es, dass der labile, kränkelnde und hypochondrische Dostojewskij diese Zeit relativ gut übersteht. Unter dem äußeren Druck tritt eine bemerkenswerte innere Kraft zutage, die einerseits allen zerstörerischen äußeren Einflüssen auf die Seele widersteht und sich andererseits ohne fruchtlose, verzehrende Rebellion in die gegebene Situation fügt. Dazu kommt der ungeheure Reichtum seiner eigenen inneren Welt, die Arbeit der Gedanken, die allerdings in ihrer Intensität seine Nervenkraft verzehrt. Nach den Hafterleichterungen Mitte Juli gibt er in drei eindrucksvollen Briefen an Michail von Juli bis September über sein Ergehen Auskunft.

Von Mai bis Juli schreibt er rückblickend im ersten Brief: *»Ich habe die Zeit nicht unnütz vertan: Ich habe den Plan zu drei Erzählungen und zwei Romanen gefasst; einen Roman schreibe ich jetzt, vermeide aber, zu viel zu arbeiten. Solche Arbeit, besonders wenn ich sie mit großer Lust mache (ich habe nie so sehr con amore gearbeitet wie jetzt), hat mich immer angegriffen und auf meine Nerven gewirkt.«*[74] Im selben Brief berichtet er dann auch von den Be-

[74] Ges. Briefe, S. 71 (an M.M.D., Petersburg, Peter-Pauls-Festung, 18. Juli 1849)

lastungen, die ihm zu schaffen machen: *»Ab und zu bekomme ich Anfälle von Atemnot, der Appetit ist wie früher sehr ungenügend, der Schlaf ist schlecht und dazu noch voll krankhafter Träume. Ich schlafe etwa fünf Stunden am Tag und wache jede Nacht an die viermal auf. Das ist das Einzige, was mich bedrückt. – Am unangenehmsten sind die Stunden der Abenddämmerung! ... Im Menschen steckt unglaublich viel Zähigkeit und Lebenskraft; ich hatte nie erwartet, dass ich so viel davon habe; nun weiß ich es aus Erfahrung.«*

Der dritte Brief an Michail, den er am 14. September schreibt, gibt dann ein sehr anschauliches Bild der sich krisenhaft zuspitzenden Zustände eines Menschen, der ausschließlich aus dem Arbeiten seiner Gedanken lebt: *»Seit fast fünf Monaten lebe ich ausschließlich von meinen eigenen Mitteln, das heißt, von meinem Kopf allein, und sonst von nichts. Diese Maschine ist vorläufig noch im Gange. Es ist übrigens unsagbar schwer, nur zu denken, ewig zu denken, ohne alle äußeren Eindrücke, die die Seele erfrischen und nähren! Ich lebe gleichsam unter der Glocke einer Luftpumpe, aus der man die Luft herauspumpt. Mein ganzes Wesen hat sich im Kopf konzentriert und ist aus dem Kopf in die Gedanken geflüchtet, obwohl die Gedankenarbeit von Tag zu Tag größer wird. Die Bücher sind zwar nur ein Tropfen im Meer, doch helfen sie mir immerhin. Meine eigene Arbeit verzehrt aber, wie mir scheint, meine letzten Säfte. Übrigens macht sie mir viel Freude.«*[75] Ein Ergebnis dieser Arbeit ist jene letzte schon erwähnte Erzählung aus der so dramatisch zu Ende gehenden ersten Petersburger Periode als freier Schriftsteller: *Ein kleiner Held.*

Der Prozess und das Urteil auf dem Semjonow-Platz

Währenddessen haben die Mühlen der Justiz zu mahlen begonnen, deren Gang durch interne Kompetenzkonflikte verlangsamt worden ist. Dostojewskij zeigt sich bei den Befragungen mutig und umsichtig. Der Versuch, ihn durch Freundlichkeiten, Schmeicheleien und Versprechungen zu nachteiligen Aussagen über die Mitgefangenen

[75] ebd., S. 75/76 (an M.M.D., Petersburg, Peter-Pauls-Festung, 14. Sept. 1849)

zu verlocken, wird von ihm durchschaut und mit völligem Schweigen quittiert.

In der schriftlichen Stellungnahme, die von allen Angeklagten gefordert wird, gibt er seine Teilnahme an den Treffen bei Petraschewski zu, bestreitet aber, dass die Gruppe ein gemeinsames, revolutionäres Ziel gehabt habe. Er rechtfertigt seine Lektüre sozialistischer Werke, die »nicht selten mit ungeheuchelter Liebe zum Mitmenschen geschrieben seien«[76], bestreitet aber nachdrücklich, selber Sozialist zu sein, da er überzeugt sei, dass die Verwirklichung, gleich welchen sozialistischen Systems, nicht nur in Russland, vielmehr sogar in Frankreich zu unentrinnbarem Verderben führen werde.

Verständlicherweise spielt er auch seine Rolle und den Grad seines Wissens herunter: Er erwähnt den radikalen Kreis um Durow zunächst nicht und streitet vor allem seine Kenntnis von Plänen zur Verbreitung propagandistischer Literatur ab. Aus Apollon Maikows Erinnerungen geht indessen hervor, dass Dostojewskij in dieser Frage durchaus stärker engagiert war und zum Kern der Eingeweihten gehörte. Dostojewskij selbst urteilt rückblickend in späteren Jahren, er hätte damals durchaus Terrorist werden können; die Schuld daran schob er auf den Einfluss westlicher Ideen. Diese Selbsteinschätzung ist aber durch den Filter seiner später negativ veränderten Sicht des Sozialismus gegangen, der ihm seine damalige Entwicklung in sehr düsteren Farben zeigt.

Seine wirkliche Haltung im Kreis der Anhänger Petraschewskis scheint nach Zeugnissen aus dieser Zeit eher ein idealistischer Sozialismus ohne Hass und Kampf gewesen zu sein, wobei er die Vorstellung eines straff durchorganisierten Gemeinschaftslebens schon damals ablehnt. Entscheidende Reformen erwartet er eher von der Regierung als von revolutionären Umwälzungen. Dabei kann er wohl durch die Leidenschaftlichkeit seiner Anteilnahme durchaus zu radikaleren Äußerungen und Überlegungen hingerissen werden, während er andererseits, meist schweigsam und zurückhaltend, der ideale Mitwisser ist.

Mit einer Ausnahme werden alle Angeklagten zum Tode verurteilt. Dostojewskij wird für schuldig befunden, die Kopie eines »verbrecherischen Briefes« von Belinski in verschiedenen Ver-

[76] Nötzel, ebd., S. 249

sammlungen vorgelesen und zur Abschrift weitergegeben zu haben, ferner während der Verlesung eines aufrührerischen Stückes, »Rede eines Soldaten«[77], zugegen gewesen zu sein. Wegen unterlassener Berichterstattung über diese aufrührerischen Schriftstücke wird er zum Verlust seiner Dienstgrade und aller bürgerlichen Rechte und zum Tod durch Erschießen verurteilt.

Im Hinblick auf mildernde Umstände (»Jugendlichkeit und in einigen Fällen Reue der Angeklagten«) beabsichtigt der Zar aber, die Urteile nicht vollstrecken zu lassen. Die Todesstrafe wird als Gnadenakt des Zaren in Zwangsarbeit in Sibirien umgewandelt. Dostojewskij erwarten »vier Jahre Zwangsarbeit und anschließender Dienst als gemeiner Soldat«.

Was am Tag der Urteilsverkündung mit den Gefangenen geschieht, schildert Dostojewskij in seinem vorerst letzten Brief aus Petersburg an Michail: *»Heute, am 23. Dezember, wurden wir alle nach dem Semjonow-Platz gebracht. Dort verlas man uns das Todesurteil, ließ uns das Kreuz küssen, zerbrach über unseren Köpfen den Degen und machte uns die Todestoilette (weiße Hemden). Dann stellte man drei von uns vor dem Pfahl auf, um das Todesurteil zu vollstrecken. Ich war der Sechste in der Reihe; wir wurden in Gruppen von je drei Mann aufgerufen, und so war ich in der zweiten Gruppe und hatte nicht mehr als eine Minute noch zu leben. Ich dachte an Dich, mein Bruder, und an die Deinen; in dieser letzten Minute standest Du allein vor meinem Geiste, da fühlte ich erst, wie sehr ich Dich liebe, mein geliebter Bruder! Ich hatte noch Zeit, Pleschtschejew und Durow, die neben mir standen, zu umarmen und Abschied von ihnen zu nehmen. … Schließlich wurde Retraite getrommelt, die an den Pfahl Gebundenen wurden zurückgeführt, und man las uns vor, dass Seine Kaiserliche Majestät uns das Leben schenke. Dann wurden die endgültigen Urteile verlesen. Palm allein ist vollständig begnadigt worden.«*[78]

Dem Zaren hatte es gefallen, ein lehrreiches Exempel für die Verurteilten und das zuschauende Volk zu statuieren. Einer der Verurteilten verliert nach dieser Lektion den Verstand. Für Dostojews-

[77] verfasst von Nikolai Grigorjew (1822-1886), der zum Kreis der Petraschewzen gehörte

[78] Ges. Briefe, S. 76f (an M.M.D., Petersburg, Peter-Pauls-Festung, 22. Dez. 1849)

kij aber werden diese Augenblicke zum inneren Wendepunkt. Von nun an wird er das Leben als unschätzbar großes Geschenk verstehen. Er lässt alle seine Freunde grüßen, bittet durch Michail alle, die er gekränkt haben könnte, um Vergebung, und schreibt weiter: *»In meiner Seele ist keine Bitterkeit und keine Missgunst mehr, ich möchte in diesem Augenblick jeden, wer es auch sei, lieben und umarmen. Dieses erlösende Gefühl überkam mich heute, als ich im Angesicht des Todes von meinen Lieben Abschied nahm. ... Ich blicke zurück auf die Vergangenheit und denke an die verlorene Zeit, die dahingegangen ist in Irrungen, Verfehlungen, Trägheit, Unkenntnis des Lebens. Warum habe ich den Wert des Lebens nicht besser erkannt, wie oft habe ich mich an meinem Herzen und meiner Seele vergangen? Mein Herz blutet. Das Leben ist ein Geschenk, das Leben ist ein Glück, jede Minute kann zur Ewigkeit des Glücks werden. ... Nun gestaltet sich mein Leben neu, es wurde neu geboren in neuer Form.«* Aus dieser Erschütterung bittet er dann seinen Bruder: *» ... geh mit Deinem Leben sorgsam um, vergeude es nicht, baue Dein Schicksal, denk an die Kinder.«*[79]

Dostojewskij darf noch von seinem Bruder Michail persönlich Abschied nehmen. Dann, spät am Weihnachtsabend, schmiedet man ihm die etwa zehn Pfund schweren Fußfesseln an. Die Gefangenen werden in Dreiergruppen losgeschickt. Drei Schlitten mit je einem Gefangenen und einem Gendarmen fahren nacheinander ab, an ihrer Spitze ein Feldjäger. So verlässt Dostojewskij die Stadt, vorbei an den festlich erleuchteten Fenstern von Bekannten, vorbei auch an den hellen Fenstern von Michails Haus. Erst zehn Jahre später wird er wiederkommen. Vier Jahre später berichtet er Michail im ersten Brief nach seiner Freilassung über Einzelheiten dieser 3000 km langen Schlittenfahrt durch den russischen Winter nach Sibirien. Das Schlimmste ist die Kälte. Sie sei bis ins Herz gegangen und die Sträflinge hätten sich auch in geschlossenen Räumen nicht mehr erwärmen können – und dennoch habe er sich während dieser Fahrt gesundheitlich erholt. Besonders schwer fällt ihm der Übergang von Europa nach Asien während eines Schneesturms im Ural. Es ist der Abschied vom russischen Heimatboden. Von da an ist er endgültig in einer fremden Welt.

[79] ebd., S. 79f

Nach über vierzehntägiger Fahrt erreichen sie am 11. Januar 1850 Tobolsk, den Sammelplatz für die Gefangenen aus dem ganzen Reich, die von hier aus in die verschiedenen Straflager verschickt werden. Grauen und Lichtblicke treffen auch hier in besonderer Dichte zusammen: Einige Frauen der Dekabristen lassen sie grüßen, schicken ihnen Lebensmittel und Kleidung. Es gelingt ihnen sogar, ein Treffen mit den Petraschewski-Leuten zu arrangieren; dabei sprechen sie ihnen Mut zu und schenken jedem ein Neues Testament. Dieses Neue Testament wird Dostojewskij sein ganzes Leben lang als besonderen Schatz hüten. Kurz vor seinem Tod vertraut er es als kostbares Vermächtnis seinem Sohn an.

Am 20. Januar werden Dostojewskij und Durow nach Omsk weitergeschickt. Eigentlich sollen sie den 600 km langen Weg zu Fuß zurücklegen, aber einer der energischen Frauen gelingt es, ihnen die Fahrt im Schlitten zu ermöglichen. Am 23. Januar erreichen sie Omsk und durchschreiten als letzte und entscheidende Grenze zwischen zwei Welten das Tor im Palisadenzaun der Katorga, des Straflagers.

5. Im Schmelzofen der Katorga (1850-1854)

Leben im »Totenhaus«

Von der Welt hinter diesem Tor schreibt er später in seinen *Aufzeichnungen aus einem Totenhaus*: ». . . *diesseits der Umzäunung lag eine eigene Welt, von der sich die übrigen Menschen nur Vorstellungen wie von einem unmöglichen Märchen machten. Hier war eine besondere Welt, die keiner einzigen anderen glich; hier gab es besondere Gesetze, besondere Tracht, besondere Sitten und Bräuche. Es war ein Totenhaus lebend Begrabener* . . .«[80] Eine Zeit unvorstellbarer Härten erwartet ihn unter diesen *»lebend Begrabenen«*: Die Unterbringung in Dreck, Gestank und Lärm; je nach Jahreszeit ist es in dem Schuppen, in dem sie nachts eingeschlossen sind, entweder stickig heiß oder eiskalt; die Gefangenen liegen auf nackten Bretterpritschen und haben als Decke nur ihre kurzen Pelze. Überall wimmelt es von Ungeziefer, das die Gefangenen halb auffrisst und in der Kohlsuppe schwimmt. Dazu kommt die harte Arbeit, stundenlanges Stehen im eiskalten Fluss beim Entladen der Lastkähne, die Beine rheumatisch und wundgescheuert von den schweren Ketten.

Besonders schlimm ist der befehlshabende Major im Lager. Er wird von den Gefangenen der »Achtäugige« genannt, weil ihm nichts entgeht. Über ihn berichtet Dostojewskij an seinen Bruder im ersten Brief nach der Freilassung, dass er eine *»ganz außergewöhnliche Kanaille«* gewesen sei, ein *»kleinlicher Barbar, Trunkenbold, Schikaneur, kurz, das größte Scheusal, das man sich vorstellen kann. ... Er kam zu uns immer sinnlos betrunken (nüchtern habe ich ihn überhaupt nie gesehen), suchte sich irgendeinen nüchternen Sträfling aus und prügelte ihn, unter dem Vorwand, dass dieser betrunken sei. Manchmal kam er nachts zu uns und bestrafte irgendjemand, weil der Betreffende auf der linken und nicht auf der rech-*

[80] *Aufzeichnungen aus einem Totenhaus*, S. 17

ten Seite schlief, weil er im Schlaf sprach oder schrie ... Mit einem solchen Menschen musste ich also auskommen können; und dieser Mensch schrieb über uns monatliche Berichte nach Petersburg.«[81]

Zu den Strafmaßnahmen, die uns heute besonders unfassbar erscheinen, gehört das Spießrutenlaufen. Bis zu zwölftausend Spießrutenhiebe können über einen Mann verhängt werden. Sie müssen dann allerdings dosiert werden, denn das volle Maß auf einmal wäre nicht zu überleben. Das Missverhältnis zwischen Strafmaß und menschlicher Konstitution führt dazu, dass die Geprügelten nach etwa tausend Schlägen ins Lazarett kommen, von freundlichen und mitleidigen Ärzten – über die Dostojewskij nur Anerkennendes sagt – gepflegt werden, bis ihr eben geheilter Rücken ohne unmittelbare Lebensgefahr von neuem blutig gerissen werden kann! Schwerer körperlicher Züchtigung scheint Dostojewskij entgangen zu sein. Aber er hat das Spießrutenlaufen anderer wiederholt erlebt. Auf einen Menschen seiner Veranlagung muss das ebenso schwer wirken, als habe er die Schläge selbst erhalten. Diese Belastungen führen dazu, dass bei Dostojewskij nun die Epilepsie, an der er sein Leben lang schwer zu tragen hat, offen ausbricht.

Worunter er aber besonders leidet, ist die Unmöglichkeit des Alleinseins unter Mitgefangenen, die ihm misstrauisch, ja unverhohlen feindselig begegnen. Aus dem ersten Brief nach seiner Freilassung, in dem er Michail über die Zeit seiner Gefangenschaft berichtet, spricht noch ganz unmittelbar das durchlebte Leiden jener Zeit und gerade auch dieser Erfahrungen: *»Die Zuchthäusler hatte ich noch in Tobolsk kennen gelernt; in Omsk machte ich mich bereit, mit ihnen vier Jahre zusammenleben zu müssen. Es sind rohe, gereizte und erbitterte Menschen. Der Hass gegen den Adel ist grenzenlos; sie empfingen uns, die wir alle vom Adel sind, feindselig und mit Schadenfreude. Sie hätten uns am liebsten aufgefressen, wenn sie nur gekonnt hätten. Urteile übrigens selbst, in welcher Gefahr wir schwebten, da wir mit diesen Leuten einige Jahre lang zusammen leben, essen und schlafen mussten und dabei nicht einmal die Möglichkeit hatten, uns wegen der uns ständig zugefügten Beleidigungen zu beschweren. ›. . . Ihr Adeligen habt eiserne Schnäbel, ihr habt uns zerhackt. Früher, als ihr Herren wart, habt ihr das Volk ge-*

[81] Ges. Briefe, S. 92 (an M.M.D., Omsk, 22. Febr. 1854)

peinigt, und jetzt, wo es euch schlecht geht, wollt ihr unsere Brüder sein.‹ . . . Wir mussten die ganze Rachsucht und den ganzen Hass, den sie gegen den Adel empfinden, über uns ergehen lassen . . .«[82]

Dies aber ist nicht Dostojewskijs letztes Wort über seine Mitgefangenen. Auch unter diesen Verbrechern nimmt er einmalige, unverwechselbare, beeindruckende Menschen mit ihrem jeweiligen Schicksal wahr. Im selben Brief schreibt er: *»Selbst unter den Raubmördern im Zuchthaus habe ich in diesen vier Jahren Menschen kennen gelernt. Glaube mir, es gibt unter ihnen tiefe, starke und schöne Naturen, und es machte mir oft große Freude, unter einer rohen Hülle Gold zu finden. . . . Welch wunderbares Volk! Meine Zeit habe ich überhaupt nicht unnütz verbracht. Wenn ich auch nicht Russland kennenlernte, so habe ich doch das russische Volk kennen gelernt, und zwar so gut, wie es nur wenige kennen . . .«*[83]

»Aufzeichnungen aus einem Totenhaus«

Aus dieser Zeit ohne Bücher und ohne Möglichkeit zu schreiben, stammen nur kurze Notizen über typische Wortwechsel, besondere Redeweisen und Ausdrücke der Sträflinge. Was er in dieser Zeit erlebt, beobachtet, durchlitten und reflektiert hat, findet seinen Niederschlag in den *Aufzeichnungen aus einem Totenhaus* (*Sapiski is mertwogo doma*), an denen er bald nach seiner Freilassung in Sibirien zu arbeiten beginnt, die aber erst ab 1861 in Fortsetzungen erscheinen können. Es sind autobiographisch genaue Erinnerungen, bis hin zu unveränderten Namen einzelner Gefangener. Dostojewskij gibt die *Aufzeichnungen* in einer kurzen Vorgeschichte als hinterlassene Papiere eines zufällig in Sibirien getroffenen ehemaligen Sträflings aus. Um das heikle Thema des politischen Straftäters zu vermeiden, handelt es sich bei dem fingierten Schreiber um einen Mörder aus Eifersucht. So hofft Dostojewskij, bei der immer noch misstrauischen Zensur keinen Argwohn zu erregen, wenn sich auch die Zeiten unter Nikolaus' Nachfolger Alexander II. verändert haben.

[82] ebd., S. 93
[83] ebd., S. 97

Dieser Bericht über die vier Jahre Straflager ist eine sehr eindrucksvolle Lektüre. Für den Leser damals war er sensationell, weil er Einblicke gibt in das Alltagsleben der abgesonderten, unheimlichen und unzugänglichen Welt des Straflagers jenseits des Palisadenzauns. Er sieht die Häftlinge nicht nur beim Ziegelbrennen, beim Alabasterstoßen oder Schneeschaufeln unter Soldatenbewachung, sondern auch in der geschäftigen Heimlichkeit zwischendurch und nachher, wenn sie Branntwein, in Ochsendärmen um den Leib gewickelt, schmuggeln oder, unbeobachtet von den Aufsehern, geschickt Handwerksarbeiten verfertigen, die sie über Umwege in die Stadt verkaufen. Der Leser sieht aber auch die zerfleischten Rücken nach dem Spießrutenlauf, die bleichen, wortlos zuckenden Gesichter der Gezüchtigten, wenn sie ruhelos im Lazarett zwischen den Betten auf und ab gehen und Mithäftlinge ihnen die Kompressen wechseln. Er sieht den jungen Schwindsüchtigen auf dem Krankenbett abgezehrt und völlig nackt in Fesseln sterben. Er wird eingeweiht in die ausgeklügelte Grausamkeit, mit der manche Exekutoren die Prügelstrafe durchführen, und in die seltsamen Umgangsformen der Häftlinge, die es ungerührt zulassen, dass der neu angekommene Erzähler von einem betrunkenen Mitgefangenen fast erschlagen wird, aber mit größter Umsicht dafür sorgen, dass ein Betrunkener unter ihnen nicht entdeckt und bestraft werden kann.

Erschütternde und qualvolle Bilder prägen sich ein, und doch bleibt mehr als das Grauen. Dostojewskij nimmt den Leser in seine eigene innere Entwicklung mit. Im ersten Jahr verschloss ihm die Qual der äußeren Verhältnisse und der Einsamkeit in der ständigen unentrinnbaren Gegenwart feindseliger Mitgefangener die Augen für die Menschen um ihn: *»So kam es denn auch, dass ich in diesem ersten Jahr infolge der eignen Qual vieles nicht wahrnahm, was um mich herum war. Ich schloss die Augen und wollte die Dinge nicht näher sehen. Daher bemerkte ich auch unter den bösen, gehässigen Arbeitsgenossen nicht die guten Menschen – Menschen, die sogar fähig waren, zu denken und zu fühlen, trotz der ganz abstoßenden Schale, die ihr Inneres verbarg. Unter all den boshaften Bemerkungen überhörte ich ganz die freundlichen und guten Worte . . .«*[84]

Im Überwinden dieser eigenen inneren Qual wird er frei, dem

[84] *Aufzeichnungen . . .*, S. 334

Anderen unvoreingenommen zu begegnen. Auch seine dichterische Kraft entfaltet sich nun. In meisterhaft skizzierten Porträts lässt er eine Reihe seiner Mitgefangenen lebendig werden. In dieser schöpferischen Wahrnehmungsfähigkeit, die absehen kann vom eigenen Ergehen und eine Wurzel der Nächstenliebe ist, liegt der Schlüssel zu seinem Durchstehen der schweren Zeit. Er erlebt, wie ein politischer Mitgefangener den Weg in die umgekehrte Richtung geht: »M-zky wurde mit den Jahren immer finsterer und verschlossener. Der Schmerz verzehrte ihn. … Mit der Zeit begann sich alles Geistige gleichsam in sein Innerstes zurückzuziehen. Die Kohlen bedeckten sich von selbst mit Asche: Seine Verbitterung wuchs. ›Je hais ces brigands!‹ sagte er oft zu mir mit hasserfülltem Blick auf die Sträflinge …«[85]

Für Dostojewskij dagegen liegt in den Entdeckungen, die er unter den Sträflingen macht, der Ursprung seines später immer leidenschaftlicher formulierten Glaubens an das russische Volk.

In allem Schmutz, in aller Rohheit, Gemeinheit und Trunksucht entdeckt er ein begabtes Volk, in dem Witz, Schlagfertigkeit und Geschicklichkeit zu finden sind.

In seiner späteren Sicht dieser Zeit wird ihm vor allem wichtig sein, dass dieses Volk auch in seinen dunkelsten Gestalten sein von der Rechtgläubigkeit geprägtes Gewissen nicht verleugnen kann: Zwar sündigen sie schwer, aber sie wissen, dass sie Sünder sind.[86]

Gerade im Eintauchen in den Kreis der Entehrten, Gebrandmarkten und Ausgestoßenen eröffnet sich ihm das Geheimnis der menschlichen Würde, die sich in jeder noch so verkommenen Person verbirgt und die nicht verletzt werden darf, was doch im Straflager, bei den üblichen Maßnahmen und Strafmethoden, ununterbrochen geschieht.

Unter den Bedingungen der Grenzsituation wird das Geheimnis des Menschseins noch schärfer beleuchtet. Bei den Überwachten und Eingesperrten erkennt der Mitsträfling Dostojewskij, wie sehr die Freiheit zum Menschsein gehört. Jeder Hauch von Eigenbestimmung, der den Häftlingen zugestanden wird oder den sie sich steh-

[85] »Ich hasse diese Räuber«, *Aufzeichnungen . . .*, S. 403

[86] *Tagebuch*, Jg. 1876, Febr., S. 134, 136f; Jg. 1880, Aug., S. 514f; Brüder Karamasow, S. 515

len, entfaltet verborgene Gaben auch bei den banalsten Beschäftigungen.

Die Arbeit an den Eindrücken und Erfahrungen aus dieser Zeit wird bis zuletzt Dostojewskijs journalistisches und schriftstellerisches Werk durchziehen. In allen seinen großen Romanen tritt die Thematik von Verbrechen, Justiz und Strafvollzug in irgendeiner Weise in Erscheinung.

Und noch etwas geschieht in diesem »Schmelzofen« der Sträflingszeit, in dem alle »draußen« erworbenen Überzeugungen auf ihre existenzielle Tragfähigkeit geprüft werden: Unter dem gewaltigen Leidensdruck bricht für Dostojewskij in letzter Dringlichkeit die Frage auf nach dem Sein, das das Leben wirklich trägt. In der Tiefe lässt das Geheimnis des Menschseins nach dem Geheimnis Gottes fragen. Dostojewskij spricht darüber nicht in den *Aufzeichnungen aus einem Totenhaus*. Im Brief an den Bruder deutet er nur an, dass etwas geschehen ist: *»Ich will Dir gar nicht sagen, welche Wandlungen meine Seele, mein Glaube, mein Geist und mein Herz in diesen vier Jahren durchgemacht haben.«*[87]

Am deutlichsten spricht er von seiner inneren Entwicklung im Brief an Natalja Fonwisina, jene Frau, die ihm vier Jahre zuvor das Neue Testament geschenkt hat: *»Ich habe von vielen gehört, dass Sie sehr religiös sind, N. D.! Doch nicht weil Sie religiös sind, sondern weil ich es selbst erfahren und durchgemacht habe, will ich Ihnen sagen, dass man in solchen Augenblicken ›wie trockenes Gras‹ nach dem Glauben lechzt und ihn schließlich findet, eigentlich nur aus dem Grunde, weil man im Unglück die Wahrheit klarer sieht. Ich will Ihnen von mir sagen, dass ich ein Kind dieser Zeit, ein Kind des Unglaubens und der Zweifelsucht bin und es wahrscheinlich (ich weiß es bestimmt) bis an mein Lebensende bleiben werde. Wie entsetzlich quälte mich (und quält mich auch jetzt) diese Sehnsucht nach dem Glauben, die um so stärker ist, je mehr Gegenbeweise ich habe. Und doch schenkt mir Gott zuweilen Augenblicke vollkommener Ruhe; in solchen Augenblicken liebe ich und glaube auch geliebt zu werden; in diesem Augenblick habe ich mir mein Glaubensbekenntnis aufgestellt, in dem mir alles klar und heilig ist. Dieses Glaubensbekenntnis ist höchst einfach, hier ist es:*

[87] Ges. Briefe, S. 95 (siehe Anm. 71)

Ich glaube, dass es nichts Schöneres, Tieferes, Sympathischeres, Vernünftigeres, Männlicheres und Vollkommeneres gibt als den Heiland; ich sage mir mit eifersüchtiger Liebe, dass es dergleichen nicht nur nicht gibt, sondern auch nicht geben kann. Ich will noch mehr sagen: Wenn mir jemand bewiesen hätte, dass Christus außerhalb der Wahrheit steht, und wenn die Wahrheit tatsächlich außerhalb Christi stünde, so würde ich es vorziehen, bei Christus und nicht bei der Wahrheit zu bleiben.«[88]

Dieser Brief gibt einen tiefen Einblick in die inneren Prozesse und Klärungen, von denen Dostojewskij seinem Bruder gegenüber nur andeutungsweise spricht. Es ist davon auszugehen, dass die engagierten Diskussionen im Kreis um Petraschewski sich nicht allein auf politische, sondern auch auf philosophische Fragen bezogen. Dostojewskij war dort mit den neuen atheistischen Ideen Feuerbachs und der Leben-Jesu-Forschung von D.F. Strauß konfrontiert worden. Als Kind seiner Zeit war er durch das radikale Infragestellen der überlieferten Glaubensinhalte zutiefst umgetrieben. In der Unmöglichkeit, auf rationalem Weg zur inneren Gewissheit über die Existenz Gottes zu gelangen, wird nun die emotionale Bindung an die Erscheinung Christi sein Anker. Hin- und hergerissen von den Argumentationsreihen seiner zweifelnden Gedanken trifft er die Entscheidung für die Stimme seines Herzens. Gegen alle Beweisführungen des Verstandes entscheidet er sich für das *»Bleiben bei Christus«*, selbst wenn dieser mit seinem Glauben an Gott *»außerhalb der Wahrheit«* stünde, wie sie Dostojewskijs eigene Zeit zu erkennen glaubte. Das ist alles andere als eine naive, unangefochtene Gläubigkeit.

Alle seine späteren großen Romane werden dieses Ringen vielstimmig in Szene setzen. Und mitten in der trostlosen Dunkelheit äußerer Lebensumstände und innerer Irrwege werden Gestalten auftauchen, durch die ein Schein der erlösenden Schönheit Christi auf die finstere, unerlöste Umgebung fällt.

[88] Ges. Briefe, S. 86f (an N.D. Fonwisina, Omsk, zwischen dem 20. und 28. Febr. 1854)

6. Neubeginn in Sibirien (1854-1860)

Als einfacher Soldat in Semipalatinsk

Mitte Februar 1854 wird Dostojewskij »abgeschmiedet«, d.h. von seinen Fußfesseln befreit und aus dem Straflager entlassen. Den zweiten Teil seiner Strafe, den Dienst als einfacher Soldat, tritt er nach vierzehntägiger Erholungspause im Linienregiment von Semipalatinsk an. Dieses kleine sibirische Provinzstädtchen von etwa 5000-6000 Einwohnern liegt unweit der chinesischen Grenze, mitten in der Weite der kirgisischen Steppe. Eine Vorstellung davon, wie radikal ein Verbannter hier vom geistigen Leben der Hauptstadt abgeschnitten ist, vermitteln zwei Umstände: Im ganzen Ort gibt es keine Buchhandlung und die Post für Dostojewskij ist zwei Monate unterwegs, da die Zensur alle Sendungen an ihn in gründlicher Ruhe kontrolliert.

Der Dienst, den Dostojewskij nun als einfacher Soldat zu leisten hat, ist rauh, aber doch nicht mit dem Leben im Straflager zu vergleichen. Zu seinen Vorgesetzten hat er eine gute Beziehung. Endlich darf er auch wieder privat, in einem Zimmer für sich allein, wohnen. Der lang aufgestaute Lesedrang und der Wunsch, wieder geistigen Anschluss an seine Zeit zu finden, spiegeln sich in seiner dringenden Bitte um Bücher, die wir in seinem ersten langen Brief an Michail nach seiner Entlassung finden: Die »Vaterländischen Annalen«, *»unbedingt«* alte Historiker, neue Historiker, volkswirtschaftliche Werke, Kirchenväter, den Koran, Kants »Kritik der reinen Vernunft«, *»unbedingt«* Hegel, besonders Hegels »Geschichte der Philosophie«. Dostojewskij unterstreicht: *»Merk Dir aber, Bruder: die Bücher sind mein Leben, meine Nahrung, meine Zukunft.«*[89]

Es ist unglaublich, mit welch ungebrochener Energie Dostojewskij an seine literarische Rückkehr zu denken beginnt. Kaum aus der Haft entlassen, krank vom Erlittenen, bittet er schon seinen Bruder, herauszufinden, ob und wie er die Publikationserlaubnis für seine Werke erhalten kann. Der Druck des Ungesagten ist in der Haftzeit

[89] Ges. Briefe, S. 98 (an M.M.D., Omsk, 22. Febr. 1854)

qualvoll gewachsen. Dem Freund Apollon Maikow wird er zwei Jahre später schreiben: *»Ich kann Ihnen gar nicht sagen, wie sehr ich darunter litt, dass ich im Zuchthaus nicht schreiben durfte. Die innere Arbeit kochte nur so in mir.«*[90]

Als hilfreiche und freundliche Fügung für Dostojewskijs Leben stellt sich die Ankunft des neuen Distriktanwalts in Semipalatinsk heraus. Der einundzwanzigjährige baltische Baron Alexander Jegorowitsch Wrangel wohnte als Heranwachsender der Scheinhinrichtung der Petraschewzen auf dem Semjonowplatz bei. Er ist ein großer Verehrer Dostojewskijs und durch dessen Schicksal sehr betroffen. Zwischen beiden entwickelt sich eine herzliche Freundschaft. Im Sommer des folgenden Jahres mieten sie gemeinsam ein Häuschen außerhalb der Stadt, bepflanzen den Garten und lesen miteinander Hegel. In einem Brief an den Vater nennt Wrangel als charakteristischen Zug Dostojewskijs: »Er ist ein sehr gottesfürchtiger Mensch.«[91] Dostojewskij geht aber selten zur Kirche und hat eine gewisse Abneigung gegen die Priester, ein Zug, der ihn mit vielen Intellektuellen seiner Zeit verbindet. Nur hat sich bei ihm gleichzeitig eine immer tiefere Hinwendung zur Gestalt Christi vollzogen. Wrangel berichtet, Dostojewskij habe immer mit tiefer Ergriffenheit von Christus gesprochen.

Schicksalsschwere Bekanntschaft: Die Familie Isajew

Es zeigt sich bald, dass auf Dostojewskij in diesem träge dahinfließenden Provinzleben eine neue Art von Gefangenschaft wartet. Er gerät in die Fesseln einer quälenden, ihn bis zu Krankheitszuständen aufzehrenden Leidenschaft, die, als sie im Frühjahr 1857 mit einer Eheschließung endet, ihn erschöpft, ausgehöhlt und mit neuen Existenzsorgen zurücklässt.

Im Frühjahr 1854 hat er die Bekanntschaft der Familie Isajew gemacht. Isajew ist ein kleiner, untergeordneter Beamter, dem Trunk ergeben und schwindsüchtig. Seine Frau, Marja Dmitrijewna, ist, nach Wrangels Beschreibung, »recht gut gebildet, belesen, wissbe-

[90] ebd., S. 112 (an A.N. Maikow, Semipalatinsk, 18. Jan. 1856)
[91] bei Zenta Maurina, S. 69

gierig, gutmütig, außerordentlich lebhaft und empfänglich für äußere Eindrücke«.[92] Auf Dostojewskij macht sie großen Eindruck, wohl auch, weil sie ihm bei seinen Besuchen Anteil nehmend und mitleidig begegnet. Nach den Jahren der Einsamkeit, mitten unter feindseligen Sträflingen, muss jedes mitfühlende Wort, besonders von einer Frau, nachhaltig sein verletztes Gemüt berühren. Umgekehrt ist es ihr Unglück – die Ehe mit einem Trinker –, das Dostojewskij noch stärker zu ihr hinzieht. Die Liebesbereitschaft wird verstärkt durch seine Fähigkeit zu grenzenlosem Mitleiden. Zur Familie gehört noch ein kleiner, recht ungezogener Sohn, Pawel, der später, unstet, undiszipliniert und schmarotzerhaft, ein wahres Kreuz für Dostojewskij wird.

Als Isajew im Juni des folgenden Jahres ins 600 Kilometer entfernte Kusnezk versetzt wird, ist Dostojewskij tief getroffen. Wrangel berichtet, er habe beim Abschied »geschluchzt wie ein kleines Kind«[93]. Der lange Brief, den Dostojewskij kurz nach ihrer Abreise an Marja Dmitrijewna Isajewa schreibt, schildert seine Gemütsverfassung zu diesem Zeitpunkt und erklärt die Bedeutung, die die Begegnung mit dieser Frau für ihn hat. Der Brief lässt auch ahnen, dass ihre Beziehung schon um diese Zeit einen dramatischen Charakter hätte annehmen können:

»Seit vierzehn Tagen weiß ich gar nicht, was ich mit mir anstellen soll, so traurig bin ich. Wenn Sie nur wüssten, wie verwaist ich mich jetzt fühle. Diese Zeit gleicht wirklich derjenigen, als man mich im Jahre neunundvierzig verhaftete, ins Gefängnis gesperrt und von allem, was mir lieb und wert war, losgerissen hat. ... Sie sind eine bewundernswürdige Frau, Sie haben ein Herz von ungewöhnlicher kindlicher Güte, und Sie waren mir wie eine Schwester. Schon der Umstand allein, dass eine Frau mich so freundschaftlich behandelt hat, war ein großes Ereignis in meinem Leben. Denn selbst der beste Mann ist manchmal, mit Verlaub zu sagen, nur ein Klotz. ... Wenn es zwischen uns auch manchmal zu heftigen Auftritten kam, so doch nur, weil ich erstens ein undankbares Schwein war und Sie zweitens krank, gereizt und beleidigt waren.«[94]

[92] F.M. Dostojewski, Briefe, München 1914 (Piper), S. 267
[93] Kjetsaa, S. 154
[94] Ges. Briefe, S. 101f (an M.D. Isajewa, Semipalatinsk, 4. Juni 1855)

Als im August, etwa zwei Monate nach der Ankunft in Kusnezk, Marjas Ehemann stirbt, wird die Lage noch komplizierter. Marja bleibt völlig mittellos mit ihrem Sohn Pawel zurück. Dostojewskij, von Mitleid verzehrt und umgetrieben, möchte helfen und hat doch selbst kein Geld. Dann erscheint noch ein Bewerber, der ihr eigentlich besser gefällt als Dostojewskij, nur leider ist auch er völlig mittellos. In der Folge kommt es zu einem qualvollen Hin und Her der Gefühle.

Diese erste Leidenschaft seines Lebens quält Dostojewskij bis zum Äußersten. Er schreibt an Wrangel: *»Ich denke über nichts mehr nach. Ich möchte sie nur sehen, nur hören möchte ich sie. Ich unglückseliger Irrer! Liebe in dieser Form ist Krankheit.«*[95] Schließlich, nach einer von Wrangel erwirkten Fürsprache vorzeitig zum Leutnant befördert, kann er ihr Jawort erringen. Am 15. Februar 1857 feiern sie Hochzeit in Kusnezk. Trauzeuge ist der abgewiesene junge Bewerber. Dostojewskij weiß zu der Zeit nicht, welche Rolle jener noch immer in Marjas Herzen spielt. Die äußerste Anspannung aller Kräfte hat Dostojewskij völlig erschöpft. Am Ziel seiner Wünsche finden sich in keinem Brief Äußerungen eines überschwänglichen Glücks, wie man sie nach einem solchen Einsatz vielleicht hätte erwarten können. Nach der Heirat schreibt er an den Bruder:

»Sie ist ein gutes und zärtliches Wesen, ein wenig schnell, hastig, stark sensibel; ihr frühes Leben hat in ihrer Seele krankhafte Spuren hinterlassen. Die Übergänge in ihren Empfindungen sind bis zur Unmöglichkeit rasch, aber niemals hört sie auf, gut und edel zu sein.«[96]

Die Spannung entlädt sich kurz nach der Hochzeit in einem schweren epileptischen Anfall. Die junge Frau ist zu Tode erschrocken, Dostojewskij sehr bedrückt. Bis dahin hat er in der Annahme gelebt, seine Anfälle würden unter anderen Lebensbedingungen verschwinden. Nun muss er der Tatsache ins Auge sehen, dass er zweifelsfrei an Epilepsie leidet. Marja selbst hat sich während ihrer ersten Ehe mit der Tuberkulose ihres Mannes infiziert. Es wird eine schwere Ehe. Die beiden nervösen und zusätzlich durch ihre Krankheit angegriffenen und überreizten Persönlichkeiten können zu kei-

[95] ebd., S. 135 (an A.J. Wrangel, Semipalatinsk, 9. Nov. 1856)
[96] Ges. Briefe, S. 140 (an M.M.D., Semipalatinsk, 9. März 1857)

ner harmonischen Beziehung finden. Es scheint auch, als habe Marja als ehrgeizige Frau es nicht verwinden können, einen ehemaligen Sträfling geheiratet zu haben, der für sie »ein Mann ohne Zukunft« bleibt. Wrangel, der das Drama ihrer Begegnung als Vertrauter Dostojewskijs erlebt hat, ist der Meinung, letzten Endes habe sie kein tieferes Verständnis für den Wert ihres Mannes gehabt und ihn von Anfang an zwar bemitleidet, aber nie wirklich geliebt.

Dostojewskij lebt später getrennt von ihr und quält sich in den Netzen einer neuen, aufzehrenden Leidenschaft, während sie, so meint Dostojewskijs Tochter und Biographin Aimée, ihrem abgewiesenen Bewerber verbunden bleibt. Ihre Ehe muss ein seelisches Fegefeuer für beide gewesen sein. Nicht nur er litt unter den *»bis zur Unmöglichkeit raschen Übergängen ihrer Empfindungen«*, auch sie, eine stolze Frau, wird tief unter einem Mann gelitten haben, der neben der Fähigkeit zum Mitleiden von plötzlichen Ausbrüchen gewitterhafter und ungerechter Heftigkeit heimgesucht wurde. Das schwere Ende von Marjas Leben führte sie wieder zusammen.

Dostojewskij hat nie schlecht über seine erste Frau geredet. Das zusammenfassende Wort über seine Ehe und seine Frau, wie er sie sah – und vielleicht vor allem sehen wollte –, schrieb er knapp ein Jahr nach ihrem Tod in einem Brief an Wrangel: *»Oh mein Freund, sie liebte mich grenzenlos, ich liebte sie auch über alle Maßen, und doch lebten wir nicht glücklich miteinander . . .; jetzt will ich Ihnen nur sagen, dass wir doch nicht aufhören konnten, einander zu lieben, wenn wir auch wirklich unglücklich miteinander waren (infolge ihres seltsamen, argwöhnischen und krankhaft phantastischen Charakters); ja, je unglücklicher wir waren, desto mehr hingen wir aneinander! Das mag sonderbar erscheinen, aber es war so. Sie war die ehrenhafteste, großmütigste, vornehmste Frau aller Frauen, die ich in meinem ganzen Leben gekannt habe.«*[97]

Auf dem Weg zurück nach Petersburg

Zunächst aber übernimmt Dostojewskij mit seiner Heirat die Verantwortung für eine eigene kleine Familie. Die Treue zu einer ein-

[97] ebd., S. 184 (an A.J. Wrangel, Petersburg, 31. März 1865)

mal übernommenen Verpflichtung, besonders für Familienangehörige, wird ein kennzeichnender, geradezu verhängnisvoller Zug in seinem Leben bleiben. Er hat aber nicht nur die Verantwortung für zwei Menschen übernommen, sondern er sieht sich seit seiner Sträflingszeit in noch tieferer Weise verantwortlich auch für seine Begabung. So ist er in doppelter Weise motiviert, um drei Dinge zu kämpfen: die erneute Erlaubnis zu publizieren, die Entlassung aus dem Militärdienst und die Rückkehr nach Petersburg. Dazu kommt als Herzstück der Neubeginn der literarischen Arbeit. Wenn Dostojewskij auch zeitweilig völlig in seinem Kampf um Marja Dmitrijewna aufzugehen scheint, so behält er doch diese Ziele im Auge und setzt für sie einiges in Bewegung. Dazu gehört auch, dass er alle ihm erreichbaren Beziehungen zu nutzen versucht.

Schließlich haben seine Bemühungen Erfolg: Im April 1857 erhält er die Erlaubnis, wieder zu publizieren, 1859 wird er aufgrund eines ärztlichen Attestes aus dem Militärdienst entlassen; seine Krankheit hat sich seit seiner Heirat deutlich verschlechtert. Im selben Jahr erhält er die Erlaubnis, nach Russland zurückzukehren, wenn auch zunächst nur nach Twer (heute Kalinin). Über einen Monat sind er, seine Frau und der Stiefsohn in der Kutsche unterwegs, bis sie Ende August in Twer ankommen. Nach einem viermonatigen Aufenthalt dort, wo er zum ersten Mal seit zehn Jahren seinen Bruder Michail wiedersieht, erhält er die allerhöchste Genehmigung, nach Petersburg überzusiedeln. Allerdings bleibt er weiterhin unter polizeilicher Überwachung.

Am 16. Dezember 1859, fast genau zehn Jahre, nachdem er die Stadt nachts und als Sträfling verlassen hat, kehrt er nach Petersburg zurück, um seinen Platz in der geistigen Auseinandersetzung der neuen Zeit zurückzuerobern.

Der literarische Ertrag

Das eindrucksvollste und bedeutendste Werk aus der Zeit in Sibirien bleiben die 1855 begonnenen *Aufzeichnungen aus einem Totenhaus*. Die beiden anderen Arbeiten, die er 1857 und 1858 schreibt (*Onkelchens Traum* und *Das Gut Stepantschikowo und seine Bewohner*), lassen sich mit den späteren Werken nicht vergleichen, auch wenn sich einzelne Gestalten in die Entwicklung typischer Charaktere innerhalb seines Gesamtwerkes eingliedern. Dabei mag es überraschen, dass diese ersten abgeschlossenen Arbeiten nach seiner Lagerzeit ausgerechnet heitere und eher harmlose Werke sind. Aber abgesehen davon, dass Abstand vom unmittelbaren Erleben notwendig ist, ein Reifen und Verarbeiten der Eindrücke, gibt es auch äußere Umstände, die eine ernsthafte Arbeit erschweren. Dazu gehört, neben der aufreibenden Beziehung zu Marja Dmitrijewna, die Furcht vor der bis zur Beschränktheit argwöhnischen Zensur. Es ist verständlich, dass Dostojewskij, dessen Existenz von der Publikationserlaubnis abhängt, in dieser kritischen Phase des Neubeginns nichts riskieren will. Deshalb wählt er aus dem provinziellen Kleinstadt- und Gutsmilieu zwei Motive, deren Komik jeder Zensur unbedenklich erscheinen muss.

Die Erzählung *Onkelchens Traum* (*Djadjuschkin son*) ist ein wenig langatmig und ermüdend, trotz amüsanter Stellen, besonders im Redefluss des *»Onkelchens«*, der Vergangenes, Gegenwärtiges und Geträumtes in liebenswürdigem, französisch untermengtem Redefluss durcheinander bringt. Die stolze und kluge Tochter, die sich in ihrer Liebe zum schwindsüchtigen Studenten aus niederem Stand über gesellschaftliche Konventionen hinwegsetzte, um sich plötzlich aus Gründen, die nur sie kennt, auf die Intrige der Mutter einzulassen, erinnert an die stolze Großherzigkeit und Unberechenbarkeit späterer Frauengestalten. Insgesamt wird man Dostojewskij selbst Recht geben müssen, der später sagte, er habe damals aus Angst vor der Zensur *»das kleine Ding von himmelblauer Sanftmut und bemerkenswerter Unschuld«* geschrieben.

Das andere Werk aus diesem Zeitraum, *Das Gut Stepantschikowo und seine Bewohne*r (*Selo Stepantschikowo i ego obitateli*), erinnert in seinen Hauptpersonen an Molières »Tartuffe«.

Katkow, der Herausgeber des »Russischen Boten« (Russki westnik), und Nekrasow, der Herausgeber des »Zeitgenossen« (Sowremennik), beide einflussreiche Publizisten, sind tief enttäuscht von diesen ersten Versuchen Dostojewskijs, literarisch wieder Fuß zu fassen. Beide Werke erscheinen 1859, werden aber von der Kritik nicht einmal erwähnt. Wie sehr sie sich aber in ihrem Urteil, »Dostojewskij ist . . . erledigt«, täuschen, kann noch niemand ahnen.

7. Zweite Petersburger Periode als Journalist und Schriftsteller (1860-1867)

Die neue Situation in Petersburg

Die geistige Atmosphäre, die Dostojewskij bei seiner Rückkehr nach Petersburg vorfindet, unterscheidet sich grundlegend von dem erstickenden Kasernenklima unter Nikolaus I. am Ende der vierziger Jahre. Der Regierungsantritt Alexanders II. hat große Erwartungen auf Reformen und ein freiheitlicheres geistiges und politisches Leben geweckt. Die Kunde von der liberalen Gesinnung des Zaren war bereits bis nach Sibirien gedrungen und hatte dort auch Dostojewskij auf eine günstige Wende in seinen Angelegenheiten hoffen lassen. Als Krönung der angekündigten Reformen erwartet man nun die Aufhebung der Leibeigenschaft, die Anfang 1861 tatsächlich erfolgt. Aufbruchstimmung liegt in der Luft.

Der Beginn der sechziger Jahre erscheint im Vergleich zu der vorangegangenen Zeit und dem zunehmend restriktiveren Vorgehen in der Zukunft als eine Art »russischer Frühling«. Die lange nur in Zirkeln Gleichgesinnter geäußerten Gedanken und Überzeugungen zu aktuellen Fragen können endlich offen diskutiert werden. Die große Zeit der Monatsschriften, der sogenannten »dicken Journale«, die plötzlich in Mengen überall entstehen, bricht an. In dieser Stimmenvielfalt zeichnen sich als die wichtigsten die großen Richtungen der Konservativen, Radikalen und Liberalen ab.

Nach dem Thronwechsel waren sich zunächst alle darin einig, die Regierung in ihrem großangelegten Reformprogramm zu unterstützen, das außer der Aufhebung der Leibeigenschaft eine Reform des Gerichtswesens, die Einsetzung lokaler Selbstverwaltungsorgane und die Einführung der allgemeinen Wehrpflicht umfasste. Aber schon kurz nach Abschaffung der Leibeigenschaft bricht diese Einheit auseinander. Die Linke ist tief enttäuscht über die mangelnde soziale Absicherung der befreiten Bauern und nennt die Reform mit Recht eine »Befreiung zu Hunger und Elend«. Die Streitigkeiten über das, was Russland in dieser entscheidenden Zeit Not tue, brechen zwischen den verschiedenen Lagern offen aus.

Auch Dostojewskij will in dieser bewegten Zeit seinen Einsichten Gehör verschaffen. Seine journalistische Begabung hat er schon zu Anfang seiner schriftstellerischen Laufbahn in einzelnen Artikeln bewiesen. Jetzt scheint die Zeit günstig, eine eigene Zeitschrift zu gründen. Im September 1860 erfolgt die Ankündigung der Monatsschrift »Wremja« (Die Zeit), die ab 1861 gut zwei Jahre lang erscheint, bis sie 1863 verboten wird. Als Herausgeber zeichnet Michail, da Fjodor als ehemaliger politischer Sträfling keine Zeitschrift publizieren darf, was ihn aber nicht daran hindert, im Hintergrund als die eigentlich treibende Kraft zu wirken. Das Programm, anspruchsvoll und breit gefächert, reicht von Tagesneuigkeiten über Volkswirtschaft und Politik bis zu Literatur und Philosophie.

Die »Wremja« wird eine sehr erfolgreiche Zeitschrift liberaler Prägung. Bis zu ihrem Verbot 1863 hat sie 4000 Abonnenten, 2000 mehr als zur Deckung aller Unkosten nötig sind. Dostojewskij ist im Hintergrund ein geschickter Redakteur, der aktuelle Fragen zur Sprache bringt und es versteht, bekannte Schriftsteller für Beiträge zu gewinnen. Vor allem aber hat nun sein eigener Name durch seine Leidenszeit in Sibirien an Bedeutung gewonnen. Die *Aufzeichnungen aus einem Totenhaus*, die in der »Wremja« in Fortsetzungen erscheinen, erregen großes Aufsehen. Zar Alexander II. selbst soll von der Lektüre tief betroffen gewesen sein.

Mitkämpfer im Streit der Meinungen

Die Wurzeln der Diskussion, in die Michail und Fjodor Dostojewskij mit ihrer Zeitschrift eingreifen, reichen bis in die dreißiger Jahre zurück. »Welchen Beitrag leistet Russland zum allgemeinen Fortschritt der Zivilisation?«, war die Frage, die man unter dem Einfluss der Geschichtsphilosophie Schellings und Hegels stellte. Die Antworten darauf führten zu einer bewegten Auseinandersetzung, die die russische Intelligenz schließlich in zwei Lager spaltete. Die erste Stimme, die Russland in der Öffentlichkeit scharf und grundsätzlich kritisierte, war die Tschaadajews[98]. Seine Äußerun-

[98] Pjotr Jakowlewitsch Tschaadajew (1794-1856), Publizist, Kultur- und Religionsphilosoph

gen, in denen er unter anderem Russlands enge Verbindung mit der Orthodoxie für dessen Abkoppelung von der allgemeinen geistigen Weiterentwicklung der Menschheit verantwortlich machte, wirkte so ungeheuerlich, dass man Tschaadajew für geisteskrank erklärte und ihn unter Hausarrest stellte.

Er stand am Anfang einer Reihe scharfer Kritiker Russlands, die als »Westler« bezeichnet wurden, da sie ihr Urteil über Russland an westlichen Ideen und Entwicklungen orientierten. Zu dieser Gruppierung, für die die soziale Frage im Mittelpunkt des Interesses stand, hatte auch der Kritiker Belinski gehört. Es war dies zunächst eine politisch und weltanschaulich keineswegs homogene Gruppe, aus der sich in der zweiten Hälfte des Jahrhunderts Richtungen herausbilden, die zu philosophischem Materialismus und politischem Radikalismus führen.

In scharfem Gegensatz zu den »Westlern« entstand die Ideologie der »Slawophilen«. Statt sich an westlich-demokratischen oder sozialistischen Staatsideen zu orientieren, forderten sie, man solle sich auf die ursprünglichen Werte der eigenen Vergangenheit besinnen. In Verkennung der geschichtlichen Tatsachen sahen sie diese früheren Werte in politischer Hinsicht in einem Vertrauensverhältnis zwischen Regierung und Bevölkerung, das keiner formalen Absicherung bedurft habe. Der schicksalsschwere Bruch mit der eigenen russischen Vergangenheit wurde Peter dem Großen und seiner Westorientierung angelastet. Der von ihm geschaffene Verwaltungsapparat habe sich zwischen Regierung und Volk geschoben und beide einander verhängnisvoll entfremdet. Besonders bedenklich musste ihnen auch die distanzierte Haltung Peters zur orthodoxen Kirche erscheinen.

Ganz im Gegensatz zu Tschaadajew und seinen Nachfolgern sahen die Slawophilen gerade in der Orthodoxie und der durch sie geprägten Kultur die Identität des russischen Volkes begründet. Für sie hatte allein die Ostkirche ein unverfälschtes Christentum bewahrt, während sich die Kirchen des Westens nach ihrer Überzeugung zu stark vom Rationalismus hatten beeinflussen lassen. Während der russische Nationalcharakter vom Geist brüderlicher Zusammengehörigkeit innerhalb dieser einen Kirche geprägt sei, habe sich der westliche Mensch in seiner durch die Überbetonung des Verstandes bedingten Überheblichkeit von der Gemeinschaft abgespalten und die Werte wahrer christlicher Brüderlichkeit verloren. Die Abschaffung der Leibeigenschaft war die politische Zielsetzung, in der beide Richtungen, Westler und Slawophile, übereinstimmten.

Die Zeit im Straflager hatte Dostojewskij innerlich weit von westlichen Ideen entfernt. Seine große Entdeckung dort, das russische einfache Volk, näherte ihn den Slawophilen an, obwohl er sich nicht als einen der ihren betrachtet. Dostojewskij setzt sich für einen dritten Weg ein. Mit den Slawophilen stimmt er in der positiven Bewertung des russischen Volkes und seiner Tradition überein. Im Unterschied zu den Slawophilen lehnt er jedoch die Reformen Peters des Großen nicht grundsätzlich ab, sondern sieht in ihnen eine wichtige Horizonterweiterung, die die westliche Kultur mit einbezieht, von der er sich ebenso wenig radikal abwenden will. Für ihn liegt Russlands Weg in der Vereinigung der westlich gebildeten Oberschicht mit dem von seinen alten Traditionen geprägten Volk. Gerade im Volk sieht Dostojewskij unverbrauchte Kräfte, deren Integration in das politische und kulturelle Leben ihm von großer Bedeutung erscheint, während das Volk an der Bildung der Oberschicht teilhaben soll. *»Wir sprechen von der Aussöhnung der Zivilisation mit der völkischen Grundlage.«*[99] Der erste Schritt zu dieser Eintracht soll die Bildung des Volkes sein. *»Die Verbreitung der Bildung, die energischste, rascheste um jeden Preis – das ist die Hauptaufgabe unserer Zeit, der erste Schritt zu jeder Tätigkeit.«* Die von Dostojewskij vertretene Richtung wird die »Volksbodenbewegung« oder »Bewegung der Bodenständigen« genannt.

Neue Präsenz als Schriftsteller

Kaum ist Dostojewskij wieder in Petersburg, arbeitet er auch schon fieberhaft. Mit atemberaubender Schaffenskraft stürzt er sich von neuem in sein Metier. Viele Mithäftlinge haben den Entbehrungen, Erniedrigungen und Grausamkeiten im Straflager nicht standgehalten und verlassen es als gebrochene Leute: Der radikale Durow zum Beispiel, der ebenfalls nach Omsk gekommen ist, *»erlosch«* laut Dostojewskij *»wie ein Licht«*. Natürlich legt auch Dostojewskijs ge-

[99] in: Nötzel, S. 371

sundheitliche Verfassung eine Zeit der Erholung und einen behutsameren Umgang mit seinen Kräften nahe. Dem aber stehen die Dringlichkeit der Neugründung seiner Existenz und sein Temperament entgegen. Von seiner Sträflingszeit an bleibt die Epilepsie die ständige Bedrohung seines Lebens und seiner Arbeit. Die Möglichkeit, dass die Krankheit ihn eines Tages seiner geistigen Kräfte berauben und arbeitsunfähig machen könnte, ist eine Sorge, die ihn immer wieder überfällt. Jede nervöse Anspannung, aber auch das Petersburger Klima tragen zur Häufigkeit der Anfälle bei. Wiederholt werden auch Freunde erschrocken Zeugen eines Anfalls, der sich oft mit einem lang gezogenen, unmenschlich wirkenden Schrei ankündigt und den Dichter mitten aus einer anregenden Unterhaltung heraus zu Boden werfen kann, wo dann die Krämpfe über den Bewusstlosen herfallen. Dostojewskij entwickelt mit der Zeit ein recht gutes, wenn auch nicht untrügliches Gespür für das Nahen einer solchen Gefahr. In guten Phasen kommt es vor, dass ihn sein Leiden monatelang verschont, dann wieder suchen ihn die Anfälle wöchentlich heim, oder sogar kurz aufeinander folgend als besonders schwächende Doppelanfälle. Danach ist er körperlich und seelisch völlig zerschlagen, oft auch durch seine Stürze verletzt, leidet unter schweren depressiven Verstimmungen und äußerst quälenden Gedächtnisausfällen und ist für Tage arbeitsunfähig.

Und doch liegt nach dem offenen Ausbruch des Leidens sein Hauptwerk noch vor ihm, das in den ihm verbleibenden zwanzig Jahren entstehen wird: die fünf großen Romane, etliche Erzählungen und eine umfangreiche journalistische Tätigkeit, die zahllosen Briefe nicht mitgerechnet. Dass er dieses Werk vollenden kann – immer in Eile, unter Termindruck, meist in finanzieller Notlage und sehr oft unter schwerer seelischer Belastung –, ist der gewaltige, hart errungene Sieg eines unbeugsamen Willens, einer zähen Arbeitskraft und eines sprudelnd lebendigen Geistes über die Hinfälligkeit der eigenen physischen Gegebenheiten.

Dostojewskij lebt bald getrennt von Marja Dmitrijewna. Die Beziehung der Ehegatten ist zu aufreibend geworden. Außerdem verträgt sie das Petersburger Klima schlecht. So kann er alle Kräfte für seine literarischen Ziele einsetzen. Dabei steht ihm Michail hilfreich zur Seite, der nun auch für die finanzielle Grundlage aufkommt. Zur Notwendigkeit, sich wieder eine Lebensgrundlage zu schaffen und zu den eigenen Ideen, die nach Gestaltung drängen, kommt als mächtiges Stimulans die Atmosphäre Petersburgs, dieser ebenso bedrängenden wie anregenden Stadt, in der sich das intellektuelle und literarische Leben der Zeit konzentriert.

So arbeitet Dostojewskij in den Nächten an seinem neuen Roman, um sich nachmittags wieder voller Energie den redaktionellen Aufgaben für die »Wremja« zu widmen. Äußerlich scheint er seinen Mitarbeitern früh gealtert und gebeugt, innerlich jedoch brennt das alte Feuer. Endlich, nach über zehn Jahren, ist er wieder an das geistige Energienetz seiner Zeit angeschlossen! Das Geheimnis dieser Ungebrochenheit liegt in der Art, wie er die Leidenszeit verarbeitet hat: Er ist nicht als Verbitterter zurückgekommen und grollt niemandem. Er hat sein Leiden angenommen, er hat es sogar als gütige Schickung zu sehen gelernt, die ihn von der Verstrickung in Theorien zum *»lebendigen Leben«* führte.

Nach den Fehlschlägen der beiden in Sibirien entstandenen Werke hat sich mit dem Erscheinen des *Totenhauses* sein Ruf als Autor neu gefestigt, und der anfangs erwähnte Roman, der unter dem Titel *Die Erniedrigten und Beleidigten* 1861 in Fortsetzungen in der »Wremja« erscheint, wird ein Publikumserfolg. In diesem Urteil allerdings unterscheidet sich das Lesepublikum von der Literaturkritik.

Die Erniedrigten und Beleidigten (*Unischennye i oskorblennye*) ist ein spannender Roman, dazu angetan, ein mitfühlendes Publikum von Folge zu Folge in Atem zu halten – und so natürlich auch an die »Wremja« zu fesseln. Man hat dem Werk eine gewisse Effekthascherei, eine zu krasse Schwarz-Weiß-Zeichnung und stellenweise Sentimentalität vorgeworfen. Der Titel ist programmatisch und knüpft da an, wo sich für Dostojewskij die Frage nach den seelischen Verformungen eines Menschen nicht nur mit dem Hinweis auf das Milieu beantworten lässt. Die meisten der handlungstragenden Gestalten sind auf unterschiedliche Weise beleidigt worden, leiden an diesen Verwundungen und lassen andere leiden. Die Lebensumstände des Erzählers, eines jungen Schriftstellers, sind die Dostojewskijs zur Zeit seines erfolgreichen literarischen Debuts in Petersburg, sein Buch, das von einigen der Personen im Roman gelesen wird, unverkennbar *Arme Leute*. Selbst Belinski wird als Kritiker »B.« erwähnt. Der junge Schriftsteller spielt hier die Rolle eines enttäuschten, aber selbstlosen Verehrers, der die geliebte Frau, die ihm freundschaftlich verbunden bleibt, in ihrem Kampf um den liebenswürdigen, begeisterungsfähigen, aber naiven und unreifen Geliebten unterstützt. An alle damit verknüpften Gegebenheiten und Begegnungen erinnert sich der Erzähler ein Jahr später im Krankenhaus, das er aller Voraussicht nach nicht mehr verlassen wird.

In der Rolle des Erzählers, der so unverhüllt Dostojewskijs erstes Autorenschicksal teilt, scheinen die Herzenskonflikte aus der Zeit in Sibirien gestaltet und verarbeitet. Auch Dostojewskij stand zwischen Marja Dmitrijewna und seinem Nebenbuhler und versuchte zeitweise, gegen seine Interessen zwischen beiden zu vermitteln.

Weit entfernt von der *»himmelblauen Sanftmut und bemerkenswerten Unschuld«* seiner ersten Erzählung nach der Entlassung, lässt er nun auch wieder seiner angriffslustigen Feder freien Lauf.

Erwartet man um diese Zeit, in Erinnerung seines bewegenden Briefes an N. Fonwisina, irgendwelche offensichtlichen Spuren einer erneuerten, vertieften Beschäftigung Dostojewskijs mit dem christlichen Glauben, wird man enttäuscht. Die »Wremja« stellt sich als liberale Zeitschrift in keiner Weise dem weit verbreiteten leichtfertigen und freidenkerischen Ton in religiösen Fragen entgegen. Strachow, ein Mitarbeiter und späterer Biograph Dostojewskijs, berichtet, er habe in jener Zeit keine Äußerung Dostojewskijs gehört, die ein Interesse an religiösen Fragen verraten habe. Abgesehen von der nicht ganz einwandfreien Glaubwürdigkeit Strachows, der sich in Aussagen über Dostojewskij nach dessen Tod als falscher Freund erweist, könnte in dieser Frage ein kleiner Satz aufschlussreich sein, der in den *Erniedrigten und Beleidigten* über die Heldin Natascha gesagt wird: *»Natascha war in der letzten Zeit immer gläubiger geworden, liebte es jedoch nicht, dass man davon sprach.«*[100] Schon der Brief an N. Fonwisina lässt erkennen, dass Dostojewskijs Offenheit in persönlichen Glaubensfragen nur ein kurzes Aufleuchten aus der Tiefe seines Herzens war. Bei allem subtilen und radikalen Zutagefördern menschlicher Beweggründe bleibt Dostojewskij äußerst zurückhaltend, wo es um die persönliche existenzielle Gottesbeziehung geht – bei seinen Gestalten ebenso wie bei eigenen Äußerungen.

[100] *Erniedrigte und Beleidigte*, in: *Onkelchens Traum . . .*, S. 596

Erste Reise in den Westen

Anfang Juni 1862 erfüllt sich Dostojewskij einen lang gehegten Wunsch: Er tritt seine erste Reise in den Westen an. Was ihn dabei bewegt, was er entdeckt und beobachtet, teilt er seinen Lesern in den *Winteraufzeichnungen über Sommereindrücke* (*Simnie sametki o letnich wpetschatlenijach*) mit, die er 1863 in der Februar/März-Ausgabe der »Wremja« veröffentlicht. Dostojewskij will *»einfach alles, unbedingt alles«* sehen und durcheilt in zweieinhalb Monaten Berlin, Dresden, Wiesbaden, Baden-Baden, Köln, Paris, London, Luzern, Genf, Genua, Florenz, Mailand, Venedig, Wien. Nach seiner Rückkehr bedauert er nur, dass er nicht auch noch in Rom war.

Aber wenn er auch ungeduldig und heißhungrig alles zu sehen wünscht, was zur damaligen Bildungsreise gehört, so bricht er doch nicht in der hoch gestimmten Europaeuphorie vieler seiner Zeitgenossen und seiner eigenen Jugend auf und unternimmt auch nichts weniger als eine traditionelle Bildungsreise. Die Menschen interessieren ihn, nicht die so genannten Sehenswürdigkeiten.

Am Ertrag dieser Reise lässt er sein Publikum teilhaben, das er in wechselnder Tonart zu unterhalten versteht, bald in leichtem Plauderton, im Eingehen auf fiktive Einwürfe seiner Leser, in kunstvoll wieder zum Thema zurückführenden assoziativen Umwegen, bald mit engagiertem Nachdruck und zugespitzten Formulierungen, wenn es um Grundsätzliches geht. Immer wieder lockern anschauliche und erhellende Szenen die theoretischen Erörterungen auf. Er will desillusionieren, einen großen Teil seiner eigenen Schicht aus ihrer Europasüchtigkeit reißen – die gebildeten Russen, die in der Nachahmung der westlichen Zivilisation den Fortschritt sehen und ruhelos in Europa herumreisen, ohne sich zu tätigem Einsatz für ihr eigenes Land entschließen zu können.

In der Schilderung der kapitalistischen Großstadt London und in der Charakterisierung des Pariser Bourgeois und seiner Ideale zeigt Dostojewskij seinen Lesern, dass das Leben im Westen vom unheimlichen Götzen der Besitzgier geprägt ist. Von den großen Idealen der Französischen Revolution sei nichts geblieben – ohne Geld keine wirkliche Freiheit, keine Gleichheit –, und der Geist der Brüderlichkeit fehle dem westlichen Menschen, der von der Entwicklung und Forderung der individuellen Rechte geprägt sei, ohnehin.

Die Sozialisten wollten die nicht vorhandene Brüderlichkeit künstlich durch Gesetze und Reglementierungen herstellen, vergäßen dabei aber, dass zum Menschsein Freiheit gehöre.

In diesen Reflexionen und Beobachtungen gibt es Stellen, die Dostojewskijs Vertrautheit mit der Bibel erkennen lassen. Bei der Schilderung Londons greift er Bilder der Apokalypse des Johannes auf und vermittelt die unheimliche Stimmung drohender endzeitlicher Entwicklungen. Hier kündigt sich der prophetische Mahner an, der in seinem Jahrhundert ungeheure und zukunftsentscheidende Geisteskämpfe heraufziehen sieht.

Während dieser Reise, wie auch bei den vielen danach, kommt es Dostojewskij nicht in den Sinn, irgendwelche Repräsentanten des geistigen Lebens anderer Länder aufzusuchen. Zu sehr ist er mit Eigenem, mit Russland beschäftigt. In London trifft er nur Herzen und den aus Sibirien entflohenen Anarchisten Bakunin, die mit ihm den russischen Hintergrund teilen. Was sie miteinander sprechen, ist nicht überliefert; Dostojewskij darf ihre in Russland verbotenen Namen nicht erwähnen. Er selbst gilt immer noch als verdächtig und wird überwacht.

Nach der Wirkung des europäischen Auslands auf Dostojewskij ist es nicht verwunderlich, dass sich die »Wremja« immer stärker von liberaler zu nationaler Prägung entwickelt. Um so weniger ist es zu begreifen, dass sie Ende Mai 1863 verboten wird. Man kann es nur der Beschränktheit der Zensur zuschreiben, denn der Anlass ist ein missverstandener Artikel Strachows zum Polenaufstand.[101] In dieser Frage, die damals die Gemüter erhitzt, vermisst man bei ihm eine entschieden nationale Grundhaltung, die zwar vorhanden, aber zu differenziert vorgetragen ist. Allerdings hat Dostojewskij selbst diesen Artikel später als unglücklich bezeichnet.

Damit ist eine höchst arbeitsame, sehr erfolgreiche und viel versprechende Periode zu Ende. Die nächsten vier Jahre stehen unter dunklen Vorzeichen.

[101] Im Januar 1863 versuchten die Polen mit einem Aufstand zum letzten Mal vergeblich, die staatliche und kulturelle Selbständigkeit wiederzuerlangen, nachdem Russland, Preußen und Österreich das Land seit 1795 vollständig unter sich aufgeteilt und ihrer Herrschaft einverleibt hatten.

Apollinaria Suslowa

Zu den Kreisen, in denen sich Dostojewskij damals besonderer Beliebtheit erfreute, gehörten die Studenten. Auch sie profitierten anfänglich vom Regierungswechsel. Der liberale Regierungsbeginn Alexanders II. hatte den Universitäten größere Freiheiten und vermehrte Möglichkeiten der Selbstverwaltung gebracht. Diese Neuerungen wurden jedoch bald wieder eingeschränkt und aufgehoben, da sie für den Geschmack der Regierungsbürokratie zu weitgehend für radikale Meinungsäußerungen und für Aktivitäten gebraucht worden waren, die mit Studienfragen im engeren Sinne nichts zu tun hatten. Die restriktiven Maßnahmen konnten natürlich nichts verhindern, sondern bewirkten im Gegenteil, dass sich die Studentenschaft zunehmend radikalisierte und Veränderung der Grundlagen und Ordnungen des gesellschaftlichen Zusammenlebens forderte. Setzten sich viele der Anhänger Petraschewskis noch mit dem christlichen Sozialismus auseinander, waren etliche noch vom deutschen Idealismus geprägt, so war die philosophische Basis der Studentengeneration zu Beginn der sechziger Jahre ein kämpferischer Materialismus, eine Haltung, die in diametralem Gegensatz zu Dostojewskijs Überzeugungen stand. Zunächst aber spielten die weltanschaulichen Unterschiede für die Dostojewskij-Verehrung der Studenten keine Rolle, war er doch ein Märtyrer jener Herrschaftsordnung, die sie radikal ablehnten.

So wird er 1861 zu einem jener Leseabende eingeladen, die Studenten zugunsten mittelloser Kommilitonen organisieren. Dostojewskij liest aus den *Aufzeichnungen aus einem Totenhaus*, die damals zu erscheinen beginnen. Bei dieser Lesung ist auch eine etwa zwanzigjährige Studentin zugegen, eine auffallende, dunkelhaarige Schönheit mit kräftigen, ausdrucksvollen Brauen über etwas schräg stehenden Augen. Man kennt sie an der Universität. Sie ist eine begabte und engagierte junge Frau, hat schriftstellerische Ambitionen und gehört zum radikalen Kern der fortschrittlichen Studenten, die kompromisslos die herrschenden bürgerlichen Moralvorstellungen und die politische Ordnung attackieren. An jenem Abend ahnen weder Dostojewskij noch die junge Frau, dass eine anregende, leidenschaftliche und zunehmend quälende Beziehung beide für eine kurze, aber lange nachwirkende Zeit aneinander fesseln soll. Für Dostojewskij wird sie die »femme fatale«, seine »ewige Freundin«, wie er sie noch im letzten an sie gerichteten Brief nach der Hochzeit mit seiner zweiten Frau nennt. Nur unter tiefen Erschütterungen findet er aus dieser heftigsten und nachhaltigsten erotischen Verstrickung heraus.

Apollinaria Suslowa, Tochter eines Leibeigenen, der sich selbst freigekauft und es dann zu einigem Wohlstand gebracht hat, ist eine ungewöhnliche Frau und gleichzeitig eine typische Vertreterin der neuen Studentengeneration, die sich an herkömmliche Wertbegriffe und bürgerliche Tradition nicht mehr gebunden fühlt. Sie ist aufrichtig, kompromisslos, fähig zu zartesten Empfindungen und heftigsten Ausbrüchen. Ihre lebendige Schönheit, ihre Klugheit, ihr leidenschaftliches Temperament, ihre völlige Unabhängigkeit und auch ihre Exzentrizität machen sie zu einer äußerst anziehenden Frau. Dostojewskijs Tochter aus zweiter Ehe, Ljubow, hat ihr in den Erinnerungen an den Vater sicher Unrecht getan, als sie Apollinaria als berechnende Abenteurerin abqualifizierte. Polina oder Polja, wie Dostojewskij sie nennt, ist leidenschaftlich daran interessiert, zur Lösung der großen sozialen Fragen ihres Landes beizutragen, und hat später selbst eine Zeit lang eine Mädchenschule geleitet. Es ist jedoch unbestreitbar, dass dieser starke Charakter auch seine dunklen Seiten hat, die mit der Zeit immer stärker hervortreten.

Als Apollinaria 1861 eine Erzählung für die »Wremja« schreibt, ist Dostojewskij für sie noch der verehrte und gefeierte große Schriftsteller. Wohl nach der Rückkehr von seiner ersten Reise in den Westen wird aus ihrer Beziehung ein Verhältnis. Die Wandlung vom verehrten Autor zum Liebhaber verläuft für sie nicht ohne Brüche und seelische Verwundungen, die sie nie überwindet und die ihre Beziehung zu ihm in eine Art Hassliebe verwandelt. Trotzdem planen sie 1863 eine gemeinsame Reise in den Westen. Durch das Verbot der »Wremja« aufgehalten, kann Dostojewskij zum festgesetzten Zeitpunkt Petersburg nicht verlassen. So bricht Polina, die nicht länger warten will, allein nach Paris auf. Als er ihr im August nachreist, wird deutlich, dass ihn noch eine zweite Leidenschaft neben der für Polina gefangen nimmt: Er unterbricht seine Reise, weil er dem Sog der Roulettetische in Wiesbaden nicht widerstehen kann. In der Folge werden sich beide Leidenschaften – Polina und das Spiel – verflechten, die eine wird die andere steigern. Als Dostojewskij schließlich in Paris an Polinas Tür klopft, empfängt sie ihn mit den Worten: »Du bist ein wenig zu spät gekommen.« Sie hat sich mittlerweile in einen spanischen Studenten verliebt, der sie aber schon wieder verlassen hat.

Und wieder finden wir Dostojewskij in bekannter Rolle: Ungeachtet der eigenen Kränkung tröstet er die Gedemütigte und schlägt ihr eine gemeinsame Reise nach Italien vor, auf der sie *»wie Bruder und Schwester«* sein wollen. Es wird eine qualvolle Zeit. Er verzehrt sich weiter in Leidenschaft nach ihr, sie hat ihren treulosen Liebhaber nicht vergessen, und in ihrer neuen Macht der Verweigerung rächt sie alle erlittenen Demütigungen, indem sie Dostojewskij in unerfüllter Leidenschaft an ihrer Seite schmachten lässt. Als sie sich nach sechswöchiger Reise trennen, reist Polina weiter nach Paris, während Dostojewskij nach Bad Homburg eilt, wo er sein Geld restlos verspielt. Es ist Polina, die ihm auf einen Bittbrief hin großzügig und selbstverständlich aus der Klemme hilft: Um ihm das Nötige schicken zu können, versetzt sie ihren Schmuck. Am Ende ihrer Reise ist beiden klar, dass ihre Wege auseinander führen. Sie sehen sich allerdings doch noch wieder, nach dem Tod seiner Frau 1865 in Petersburg, wo er Polina einen Heiratsantrag macht, der sie nur in Ärger versetzt, und in Wiesbaden, wo Dostojewskij, durch Spielverluste wieder in desolater finanzieller Lage, um ihre Unterstützung bittet. Ihre Korrespondenz dauert länger. Den Nachhall dieser Leidenschaft erlebt noch Dostojewskijs zweite Frau in ihren Flitterwochen in Dresden, wo sie mit großer innerer Beunruhigung die starke Wirkung eines Briefes von Polina auf ihren Mann beobachten kann.

Gegen Ende seiner Beziehung zu Polina drückt Dostojewskij in einem Brief an ihre Schwester aus, was ihr gegenseitiges Verhältnis zu schwer belastet hat und was nach seiner Sicht auch alle zukünftigen Beziehungen Polinas belasten würde: *»Apollinaria ist eine große Egoistin. Egoismus und Ehrgeiz sind in ihr kolossal entwickelt. Sie fordert von den Menschen alles, sie fordert alle Vollkommenheiten, und sich selbst befreit sie von den geringsten Verpflichtungen anderen Menschen gegenüber . . . Ich liebe sie immer noch, liebe sie sehr, doch ich möchte sie schon nicht mehr lieben. Sie tut mir Leid, denn ich sehe voraus, dass sie ewig unglücklich sein wird. Nirgendwo wird sie einen Freund und ihr Glück finden. Wer von an-*

deren alles fordert und sich selbst von allen Verpflichtungen lossagt, der wird niemals sein Glück finden.«[102]

Dostojewskij sollte Recht behalten: Keine ihrer späteren Beziehungen ist von Dauer. Doch danken wir ihr eine Reihe eindrucksvoller Frauengestalten in Dostojewskijs späterem Werk. Am unmittelbarsten spiegelt sich ihre Gestalt und seine doppelte Leidenschaft im 1866 entstandenen kleinen Roman *Der Spieler*.

Krisenzeit

Als Dostojewskij im Oktober 1863 von seiner zweiten Auslandsreise nach Russland zurückkehrt, liegt mit dem Verbot der »Wremja«, der spannungsreichen, leidenschaftlichen Beziehung zu Polina und dem Ansturm der Spielleidenschaft keine leichte Zeit hinter ihm, aber das Jahr 1864 sollte die dunkelsten Stunden bringen.

Der Gesundheitszustand seiner Frau hat sich inzwischen deutlich verschlechtert. In der Hoffnung, das Klima außerhalb Petersburgs werde ihrer Gesundheit zuträglicher sein, ist sie in das Provinzstädtchen Wladimir, östlich von Moskau, umgezogen. Aber der Ortswechsel hat keine Besserung gebracht. In Fieber, Angstzuständen, hysterischen Ausbrüchen, im Unfrieden mit ihrer ganzen Lebenssituation quält sie sich und ihre Umgebung. Dostojewskij, der seine Beziehungen zu Polina vor ihr geheim gehalten hat, bleibt nun bei ihr, als er sieht, wie schlecht es um sie steht. Im November zieht er mit ihr nach Moskau, wo sein Schwager als Arzt tätig ist und Marja Dmitrijewna fachkundig betreuen kann. Dort stirbt sie Mitte April 1864 nach schwerem Leiden, aber schließlich versöhnt mit ihren Nächsten. Angesichts ihres letzten Leidens schreibt Fjodor seinem Bruder, der ihr gegenüber nie einen – von ihr deutlich gespürten – Vorbehalt überwunden hat: *»Halte sie in guter Erinnerung. Sie hat jetzt so sehr gelitten, dass ich nicht weiß, wie man sich nicht mit ihr versöhnen kann.«*[103]

In all diesen Erschütterungen des Mitleidens und Leidens häufen sich, durch die starke Anspannung bedingt, seine epileptischen An-

[102] Ges. Briefe, S. 191 (an N.P. Suslowa, Petersburg, 19. April 1865)

[103] Ges. Briefe, S. 180 (an M.M.D., Moskau, 15. April 1864)

fälle. Aber es gibt keinen Aufschub im Kampf um die neue Existenzgründung. Nach dem Verbot der »Wremja« hat sich Michail Dostojewskij für die Erlaubnis zur Herausgabe einer neuen Zeitschrift eingesetzt und diese Anfang 1864 auch erhalten. Allerdings sind die Brüder gezwungen, ihre Neigung zu eher liberal-unabhängigen Standpunkten zugunsten einer regierungsfreundlicheren Linie zu mäßigen. Nun gilt es, neue Mitarbeiter zu gewinnen und um neue Abonnenten zu werben.

Für diese Ziele muss sich Dostojewskij tagsüber mit aller Kraft einsetzen, während er nachts in der Nähe seiner sterbenden Frau an einem neuen Werk arbeitet. Da trifft ihn, drei Monate nach dem Tod seiner Frau, der nächste, vielleicht noch schwerere Schlag: Sein Bruder, dessen Gesundheit durch Anfälle von Trunksucht zerrüttet war und der sich im Kampf um die neue Zeitschrift überarbeitet hat, erliegt am 10. Juli einer Lungenentzündung. Ein Jahr später berichtet Dostojewskij seinem alten Freund Wrangel über diesen Verlust: *»Hier fühlte ich zum ersten Mal, dass niemand mir die beiden ersetzen konnte, dass ich eine neue Liebe nie erleben würde, auch nicht erleben wollte. So war alles um mich kalt und öde.«*[104]

Doch wird diese Leere von einem neuen Kräfte zehrenden Kampf übertönt, in den sich Dostojewskij stürzt und der bis zu seinem letzten Lebensjahr dauern sollte: der Kampf mit dem vielköpfigen Ungeheuer von Michails gewaltigen Schulden, die er zur Finanzierung der neuen Zeitschrift gemacht hat. Außerdem fühlt er sich verpflichtet, für die Hinterbliebenen zu sorgen, zu denen neben der Frau und vier Kindern eine Geliebte mit ihrem Kind gehört.

Da stirbt zwei Monate nach seinem Bruder der fähigste langjährige Mitarbeiter, der bedeutende Literaturkritiker Apollon Grigorjew, auch er durch Schulden und Alkohol ruiniert. Dazu kommt eine allgemeine Wirtschaftskrise. So wie die Zeitschriften zu Beginn der sechziger Jahre überall aus dem Boden schossen, so gehen sie nun überall ein.

Trotz aller fast übermenschlichen Anstrengungen Dostojewskijs lässt sich die »Epocha« nicht halten. Im März 1865 muss sie nach der dreizehnten Nummer ihr Erscheinen einstellen. Alle verfügbaren finanziellen Mittel sind aufgebraucht. Dostojewskij wandert

[104] Ges. Briefe, S. 185 (an A.J. Wrangel, Petersburg, 31. März 1865)

nun von einem Geldverleiher zum anderen und muss ständig mit dem Schuldgefängnis rechnen. Soll er wieder irgendwie Fuß fassen, muss er ins Ausland, um ungestört von den Scharen der Gläubiger schreiben zu können.

Zur Ermöglichung dieser lebensnotwendigen Flucht ist er gezwungen, auf das halsabschneiderische Angebot eines gewissenlosen Verlegers einzugehen: Für 3.000 Rubel verkauft Dostojewskij die Verlagsrechte an einer dreibändigen Ausgabe seiner bisherigen Werke. Zusätzlich soll er bis zum 1. November des folgenden Jahres einen neuen Roman liefern. Würde dieser nicht bis zum festgelegten Termin abgegeben, soll Stellowski – so der Name dieses Verlegers – für neun Jahre das Recht haben, Dostojewskijs Werke ohne Autorenhonorar zu verlegen. Von den 3.000 Rubeln hat Stellowski nach einigen Tagen den größten Teil wieder, da er sich etliche von Dostojewskijs verfallenen Wechseln angeeignet hat, deren Zahlung er nun durch Mittelsmänner einfordern lässt.

So bleiben Dostojewskij nicht einmal 200 Rubel, als er im Juli 1865 nach Wiesbaden aufbricht. Die Wahl dieses Ortes spricht für sich. Diesmal reitet ihn der Spielteufel fast zuschanden. Innerhalb von fünf Tagen hat er alles verloren, seine Uhr versetzt und kein Geld mehr für das Hotel. Er lebt nur noch von Tee, bekommt abends keine Kerze mehr, wird vom Hotelpersonal schief angesehen und schickt in alle Richtungen unfrankierte Bittbriefe. Auch Polina, mit der er hier noch einmal zusammentrifft, wird in die Geldsuche eingespannt. Schließlich ist es ein Priester, der ihm zu Hilfe kommt, seine Schulden bezahlt und ihm die Rückreise ermöglicht.

In dieser extrem bedrängten Situation beginnt er den ersten seiner ganz großen Romane: *Schuld und Sühne*. Nach einem Wiedersehen mit Wrangel in Kopenhagen trifft Dostojewskij im Oktober wieder in Petersburg ein, wo es ihm gelingt, *Schuld und Sühne* an den konservativen »Russischen Boten« zu verkaufen. Und wieder sehen wir ihn unter schwerstem Druck arbeiten: nachts, bei starkem schwarzem Tee, von den Gläubigern gehetzt und von Fieber und vermehrten Epilepsieanfällen geplagt. Es ist kaum vorstellbar, welche Lebens- und Arbeitskraft der gesundheitlich so schwer eingeschränkte Dostojewskij gerade in dieser dunkelsten Zeit nach Sibirien beweist. An Wrangel schreibt er: *»Ich laufe von Haus zu Haus, um das Geld zu beschaffen, sonst bin ich verloren. Ich ahne, dass* *nur ein Zufall mich retten kann . . . von dem, was einst war, was ich mit 40 Jahren war, ist nichts geblieben. Und dabei kommt es mir immer vor, als finge ich erst an zu leben. Ist das nicht lächerlich? Zäh wie eine Katze!«*[105]

Der »rettende Zufall«

1866 arbeitet Dostojewskij fieberhaft am neuen großen Roman *Schuld und Sühne*, dessen erste Fortsetzung Anfang des Jahres im »Russischen Boten« erschienen ist. Um mehr Konzentration zum Schreiben zu haben, zieht er im Sommer zur Familie seiner Schwester Wera nach Moskau und dann, gemeinsam mit allen, in ihr Sommerhaus nach Ljublino, in der Nähe von Moskau.

Ende September kehrt Dostojewskij nach Petersburg zurück. Er hat in der Familie seiner Schwester zusammen mit Nichten und Neffen und deren Freunden eine glückliche Zeit erlebt, aber weder *Schuld und Sühne* beendet noch eine Zeile des Romans für Stellowski geschrieben, ein Werk, das immerhin zweihundert Seiten umfassen soll. Letzterer Umstand ist bedenklich. Dostojewskij bittet um Aufschub, bietet die Zahlung eines Bußgeldes an, aber Stellowski lässt sich nicht erweichen. Es scheint völlig ausgeschlossen, dass Dostojewskij, trotz seines ungewöhnlichen Arbeitstempos, innerhalb eines knappen Monats seiner Verpflichtung noch nachkommen kann. Da regt ein Freund an, Dostojewskij solle sich einen Sekretär nehmen. Man tritt mit dem besten Stenographielehrer der Stadt in Verbindung, der seine beste Schülerin für die genannte Aufgabe vorschlägt, eine gewisse Anna Grigorjewna Snitkina.

Es zeigt sich, dass die zwanzigjährige junge Frau durchaus an dieser Aufgabe interessiert ist: Dostojewskij war der Lieblingsautor ihres verstorbenen Vaters und auch sie selbst hat mit heißer Anteilnahme seine sämtlichen Werke gelesen. Etwas aufgeregt und sehr gespannt spitzt sie ihre Bleistifte und versucht, ihre Jugend durch dunkle Kleidung seriöser erscheinen zu lassen. Die erste Begegnung wird für sie eine Enttäuschung. Die Wohnung Dostojewskijs liegt in einer kleinbürgerlichen, etwas trüben Gegend. Sie ist düster

[105] Ges. Briefe, S. 189 (an A.J. Wrangel, Petersburg, 14. April [1865])

und karg, ebenso wie der berühmte Autor selbst. Er macht keinen Hehl aus seiner Skepsis hinsichtlich ihrer Stenographenkünste. Sein einziges Kompliment der hilfsbereiten jungen Dame gegenüber: Er sei froh, dass sie eine Dame und kein Mann sei. Warum? Ja, ein Mann wäre sicher ein Trinker gewesen, was er von ihr nicht anneh-me. In Annas Reaktion liegt schon der erste Hinweis auf ihre charakterlichen Qualitäten: Das »Kompliment« verstimmt sie nicht, sondern amüsiert sie höchlich, aber artig unterdrückt sie die aufkommende Lachlust.[106]

Obwohl sie nach dem ersten, unbefriedigend verlaufenen Diktat – zunächst etwas niedergeschlagen – der Meinung ist, der Autor werde auf ihre Mitarbeit verzichten, kommt sie doch zum nächsten Termin mit sauber abgeschriebenen Manuskriptseiten und neu gespitzten Bleistiften wieder, fest entschlossen, ihr Möglichstes zu tun und die Sache nicht vorzeitig aufzugeben. Es ist schon seltsam, unter welch unscheinbaren Vorzeichen sich hier eine lebenslängliche Zusammenarbeit anbahnt. Dostojewskij hat in jener ersten Stunde ihres Zusammentreffens, als er etwas unwillig und zu schnell diktiert, nichts weniger geahnt, als dass ihm in diesem bescheidenen, aber willensstarken jungen Mädchen, über zwanzig Jahre jünger als er, buchstäblich sein rettender Engel erschienen ist. Mit Anna Grigorjewnas Hilfe, die nicht nur in einwandfreiem Stenographieren, sondern auch in aufmunternder Anteilnahme und praktischem Mitdenken besteht, wird der Roman für Stellowski, *Der Spieler*, in 24 Tagen beendet und kann – wohl sehr zum Ärger Stellowskis – fristgerecht abgeliefert werden.

Kurz darauf macht er Anna Grigorjewna einen Heiratsantrag. Später wird gesagt, diese Ehe sei ein Glücksfall für die Literaturgeschichte geworden. Das ist unbestreitbar. Nicht nur, dass Anna Grigorjewna zu seinen Lebzeiten um sein Werk besorgt ist und es im Selbstverlag herausgibt: Sie verwaltet auch seinen Nachlass, sichtet in den 38 Jahren, die sie ihn überlebt, sein Gesamtwerk, ordnet, sieht durch, gibt heraus und richtet in Moskau ein Museum für ihn ein. Weit über den Tod ihres Mannes hinaus ist ihr die Sorge für sein Werk eine Lebensaufgabe.

Zunächst aber ist sie ein Glücksfall für den lebenden Autor.

[106] Erinnerungen der Anna Grigorjewna Dostojewski, S. 24

Dabei ist sie völlig anders als die Frauen, die Dostojewskij bisher fasziniert haben.

Anna Grigorjewna ist keine glänzende Erscheinung und hat auch keine außergewöhnliche Begabung vorzuweisen. Die Tatsache, dass ihre Ehe sehr glücklich wird, erklärt sie in ihren »Erinnerungen« so: »In der Tat, mein Mann und ich waren Menschen vollkommen verschiedenen Zuschnitts und unterschiedlicher Ansichten, aber ›wir blieben immer wir selbst‹, ohne einander zu kopieren oder nachzuäffen und ohne uns mit der eigenen Seele, dem eigenen Ich in die Psyche des anderen einzumischen, und auf diese Weise fühlten wir beide, mein guter Mann und ich, uns in der Seele frei.«[107] Als sie am 15. Februar 1867 in der Ismailowski-Kirche in Petersburg getraut werden, ist es für beide nicht die große Leidenschaft. Aus Freundschaft, Achtung, Mitgefühl und bewusstem, zielgerichtetem Arbeiten an der Gemeinschaft wächst mit der Zeit, in gemeinsam durchlebten Stürmen, Kämpfen und Leiden, eine tiefe Liebe, die auch die ganze erotische Leidenschaftlichkeit Dostojewskijs an diese eine Frau bindet. Am Ende seines Lebens kann er sagen, er sei ihr nicht einmal in Gedanken untreu gewesen.[108]

Die Flucht ins Ausland

Sind auch die inneren Voraussetzungen für ein Gelingen dieser Ehe gegeben, so zeigen sich dem die äußeren Lebensumstände sehr abträglich. Anna Grigorjewna berichtet, wie gleich nach der Hochzeit die Wohnung ständig voller Nichten und Neffen Fjodors ist und die Verwandtschaft sie kaum je allein lässt. Es ergrimmt sie dabei besonders, dass sie von ihrem Mann ständig zur Unterhaltung der Kinder abkommandiert wird, während sie so viel lieber den Gesprächen mit seinen Freunden zugehört hätte. Zu einer besonderen Plage hat sich Dostojewskijs Stiefsohn Pascha (Pawel) aus erster Ehe entwickelt, der Anna mit unverhohlener Feindseligkeit provoziert. Außerdem mäkelt die Verwandtschaft an ihrer hausfraulichen Unerfahrenheit herum und lässt deutlich durchblicken, dass man diese Ehe

[107] ebd., S. 476
[108] ebd., S. 421

Dostojewskijs für einen Fehler hält. Es empört Anna bis ins Innerste, dass die Familie des Bruders Michail ihren Fedja (Fjodor) ungerührt und selbstverständlich ausnutzt und es beispielsweise für völlig natürlich hält, dass er für sie in der kalten Jahreszeit seinen einzigen Pelz versetzen soll.

Die junge, unerfahrene Frau mit dem überraschend klaren Blick für das Wesentliche sieht genau, dass ihre Ehe in Gefahr gerät, ehe sie richtig begonnen hat, wenn sie sich nicht vor der Verwandtschaft retten können. Dostojewskij seinerseits muss sich die Meute der Gläubiger vom Hals schaffen, wenn er in Ruhe schreiben will.

In dieser Lage versetzt Anna kurz entschlossen ihre ganze kostbare Aussteuer und beweist damit eine Unabhängigkeit von materiellen Gütern, die in der Folgezeit noch viel härter auf die Probe gestellt werden sollte. Am 14. April 1867 können sie endlich Petersburg verlassen.

Das literarische Werk der zweiten Petersburger Periode

In der kurzen, sehr düsteren und schwer belasteten Zeit von 1863 bis 1866, die er nun in der Hoffnung auf bessere Zeiten hinter sich lässt, sind dennoch drei bedeutende Werke entstanden. Nach der Rückkehr von seiner spannungsreichen Reise mit Polina, nach den verhängnisvollen Erfahrungen am Roulettetisch und in der Nähe seiner todkranken Frau, dabei zunehmend von epileptischen Anfällen heimgesucht, hat Dostojewskij von Ende 1863 bis zum Frühjahr des folgenden Jahres an den *Aufzeichnungen aus dem Untergrund* (auch: *Aufzeichnungen aus einem Kellerloch, Sapiski is podpolja*) gearbeitet, die 1864 in der »Epocha« erscheinen. Dunkle Umstände und die Erfahrung eigenen Versagens haben dieses Werk begleitet und geprägt. Es ist eine Absage an das idealistische Menschenbild, ein Protest gegen jede rationalistische Weltanschauung und die Moralphilosophie des gesellschaftlichen Nutzens. Gleichzeitig stößt es in bisher unbetretene Regionen des menschlichen Unterbewusstseins vor. Ein »Geniestreich der Psychologie« wurde es von Nietzsche genannt.

Das Werk besteht aus zwei deutlich voneinander unterschiedenen Teilen. Der erste Teil, »Der Untergrund«, ist ein Monolog des sich selbst als Antihelden bezeichnenden kleinen, selbstquälerischen, kritischen Petersburger Beamten. Er hat sich, nachdem er eine Erbschaft antreten konnte, in einen armseligen Winkel am Rande Petersburgs zurückgezogen, um, von der Außenwelt völlig ungestört, seinen Reflexionen nachzugehen. Der »Untergrund« als Ort seines Rückzugs hat nicht die übertragene Bedeutung heimlicher politischer Aktivität; er bezeichnet hier einen Raum unter dem Fußboden. Es ist indessen eine höchst symbolkräftige Ortsangabe; der »Untergrund« charakterisiert auch den Seelen-Innenraum des Monologisierenden selbst, unter der Alltagsexistenz, bei den radikalen Fragen, den Kräften und Antrieben, die von der Alltagsvernünftigkeit negiert und abgedrängt werden. Im zweiten Teil »Bei nassem Schnee« schildert dieser kleine Beamte in schonungsloser Offenheit, als *»Korrektionsstrafe«*, wie er sagt, eine schlimme Episode aus seinem Leben, die er verdrängen möchte und die ihn doch nicht loslässt. Er hat einmal in der Reaktion auf selbst erlittene Demütigungen eine junge Prostituierte in gemeiner Weise beleidigt und verletzt, als sie in ihm ihren Retter zu finden hoffte.

Der Antiheld ist wieder ein Mensch mit überempfindlichem Ehrgefühl und übersteigerter Eigenliebe. Er krankt daran, dass er sich von den durchschnittlichen Menschen seiner Umgebung beleidigt und missachtet fühlt, die er selbst wieder ihrer Dummheit wegen verachtet. Er ist jedoch ehrlich und klug genug, um zu erkennen, dass er mit dieser Verachtung auch Neid auf ihre unkompliziertere, lebenstüchtigere Durchschnittlichkeit kompensiert.

Die quälenden Selbstreflexionen dieses sich überwach beobachtenden Bewusstseins münden in die Frage: »Kann denn ein erkennender Mensch sich überhaupt noch irgendwie achten?«[109]

Nicht nur die moralische Bilanz ist vernichtend. In letzter Konsequenz führt die Selbstreflexion auch zur Selbstauflösung. Jede Aussage über sich selbst kann wieder in Frage gestellt werden, bis dem Reflektierenden das eigene Ich zerfällt, entschwindet, sich jedem Zugriff umgrenzender Eigenschaftswörter entzieht: *»Man fragt: Was ist das für einer? Antwort: ein Faulpelz. Aber ich bitt' Sie, meine Herrschaften, das wäre doch über alle Maßen angenehm, von sich zu hören! Dann bin ich doch positiv bezeichnet, klassifiziert, es*

[109] *Aufzeichnungen aus dem Untergrund*, in: *Der Spieler*, S. 446

gibt also etwas, was man von mir sagen kann. Ein Faulpelz! Aber das ist doch ein Beruf, eine Bestimmung, das ist ja eine Karriere, ich bitte Sie!«[110]

Dazu kommt ein leidenschaftlicher Protest gegen den zu der Zeit verbreiteten Utilitarismus. Er gründet auf der These, dass das sittlich Gute auch das Vernünftige und Nützliche sei und der in diesem Sinn aufgeklärte Mensch das sittlich Gute um des eigenen Vorteils willen erstreben müsse. Der Untergrund-Mensch setzt dieser rationalistischen Theorie die Betonung eines oft irrationalen Wollens als *»Offenbarung des gesamten menschlichen Lebens«*[111] entgegen.

Mitten in der fruchtlosen Ruhelosigkeit ewig weiterbohrender Fragen gibt es jedoch Hinweise dafür, dass beim »Menschen im Untergrund« die Empfänglichkeit für das lebendige Leben wie ein geheimes Organ noch vorhanden ist. Dieses Organ ist im Herzen verborgen und allein befähigt, die allumfassende Wirklichkeit, Gott, zu erkennen und von ihr berührt zu werden. Diese Wirklichkeit wird hier noch nicht genannt. Aber der »Mensch im Untergrund« weiß, dass es ein Erkennen gibt, das höher steht als Entdeckungen feststehender Naturgesetze: *»Die Erkenntnis steht zum Beispiel unendlich höher als zweimal zwei.«*[112] Und er weiß, was Dostojewskij selbst im *Totenhaus* erfahren hat: *»Das Leiden – ja, das ist doch die einzige Ursache der Erkenntnis.«* Noch mehr: *»Ohne ein reines Herz aber wird man niemals zu voller, rechter Erkenntnis gelangen«*[113], ein Satz, der die Seligpreisungen streift. In der verborgenen Sehnsucht liegt der verheißungsvolle Lebenskeim des »Menschen im Untergrund«. Er weiß, dass es einen erstrebenswerteren Ort gibt als den »Untergrund«. Eben noch ließ er ihn hochleben, um dann, einige Zeilen weiter, zu bekennen: *»Ich lüge, weil ich ja selbst weiß, dass der Untergrund keineswegs besser ist, sondern etwas anderes, ganz anderes, wonach ich lechze, und das ich dennoch auf keine Weise finden kann. Der Teufel hole den Untergrund!«*[114]

Dieses innerste Herzensorgan äußert sich auch, ganz gegen seinen Willen, in der Begegnung mit der jungen Prostituierten und er-

[110] ebd., S. 449
[111] ebd., S. 460
[112] ebd., S. 468
[113] ebd., S. 472
[114] ebd., S. 471

hebt am eindeutigsten die Stimme in seiner Reue über die begangene Gemeinheit. *»Noch nie hatte ich so viel Leid und Reue empfunden.«*[115] Diesen Satz lässt er stehen, ohne ihn zu relativieren.

Der Spieler (*Igrok*, 1867) ist ein kleiner Roman voll autobiographischer Züge, der Dostojewskijs Erlebnisse beim Roulette und seine Qualen an Polinas Seite – sie trägt auch im Roman diesen Namen – vielleicht am unmittelbarsten spiegelt. Er hat ihn schon im Herbst 1863 konzipiert, noch während seiner Reise mit Polina, ehe die Idee zu *Schuld und Sühne* ihn ausschließlich zu beschäftigen begann. *»Ich habe eben einen (wie mir scheint) recht glücklichen Plan zu einer Erzählung. Er ist zum größten Teil auf Papierfetzen notiert«*[116], schrieb er im September an Strachow. Weiter charakterisierte er in knappen Umrissen den Charakter des Helden: *»Der Hauptwitz besteht darin, dass er alle seine Lebenssäfte, Mut und Kraft für das Roulette verwendet hat.«*[117] Wenn er Strachow weiter schrieb, er wolle sich bemühen, ein lebensvolles Bild zu entwerfen, so ist ihm dies sowie eine packende Zeichnung der Spielermentalität vollauf gelungen.

Nach dem dank Anna Grigorjewnas Hilfe termingerechten Abschluss des Romans schreibt er weiter an *Schuld und Sühne*[118] (*Prestuplenie i nakasanie*, 1866), dem Roman, an dem er schon 1865 in Wiesbaden und 1866 in Moskau und Ljublino gearbeitet hat. In der den Leser geradezu bedrängenden Lebensdichte seiner Gestalten und ihrer Schicksale, in der Tiefe seiner Fragen, die sich in unvergesslich lebensvollen Personen verkörpern, und in seiner klaren Komposition gehört dieser Roman zu den ganz großen Werken der Weltliteratur. Und doch wird wohl kaum ein Leser am Ende den Eindruck eines Literaturgenusses haben, so betäubt vom anflutenden, mitreißenden Leben, den dramatischen, überraschenden inneren Prozessen und äußeren Abläufen bleibt er zurück, ein so gewaltiges, Himmel und Hölle umfassendes Seelen-Universum hat

[115] ebd., S. 574

[116] Ges. Briefe, S. 166 (an N.N. Strachow, Rom 18./30. Sept. 1863)

[117] ebd., S. 166

[118] in anderer Übersetzung *Verbrechen und Strafe*; Ludolf Müller nennt als genauere Übersetzungsmöglichkeit »Übertretung« und »Bestrafung« oder »Zurechtweisung«, da im russischen Titel der juristische Aspekt eher als der moralische herauszuhören ist. (Ludolf Müller, Dostojewski, S. 39)

sich ihm, mitten in der Enge elender, kleinbürgerlicher Verhältnisse, geöffnet.

Es ist, wenn man so will, ein Kriminalroman, bei dem der Leser von Anfang an eingeweiht ist in die Täterschaft. Die eigentlich spannende Geschichte liegt im inneren Prozess, der den Täter von seiner Tat zu deren Geständnis führt. In diesem Roman setzt sich Dostojewskij noch einmal, nach seinen *Aufzeichnungen aus einem Totenhaus*, mit seinen Sträflingserfahrungen in Sibirien auseinander. In der inneren Verfassung Raskolnikows nach seiner Tat und in der Haft spiegeln sich Dostojewskijs eigenes Erleben und seine Beobachtungen an den Mitgefangenen.

In Raskolnikow, dem Helden des Romans, dem Jurastudenten, der aus Geldnot sein Studium abgebrochen hat, erscheint aber auch ein hoch begabter, mit allen Vorzügen eines großmütigen Charakters und einer anziehenden Erscheinung ausgestatteter Bruder des »Menschen aus dem Untergrund«. Seine Idee ist, dass die Menschheit aus zwei Kategorien besteht: aus der Masse der Durchschnittlichen, die das Gesetz brauchen – und aus den wenigen Auserwählten, die um ihrer genialen Ideen und Taten willen berechtigt und befähigt sind, Gesetze zu überschreiten. Als Beispiel eines solchen Ausnahmemenschen hat Raskolnikow Napoleon vor Augen. Die Frage, die ihn umtreibt, ist, zu welcher Kategorie er selber gehört: *»Bin ich Napoleon oder eine Laus?«*

Um Gewissheit darüber zu bekommen, hat er sich vorgenommen, eine alte, bösartige Wucherin zu ermorden. Es kommt zum Mord, sogar zum Doppelmord, da ausgerechnet die arme, ausgebeutete Halbschwester der Alten Zeugin der Tat wird. Durch eine Reihe günstiger Umstände bleibt Raskolnikow unentdeckt. Aber er erlebt einen physischen und psychischen Zusammenbruch. Darin erfährt er das Wirken einer Instanz in ihm selbst, die sich dem Zugriff seines Intellekts entzieht. Durch die Tat erlebt er sich in radikaler Weise isoliert und auf neue Art »abgespalten«. Auch die Menschen, die ihm am nächsten stehen, können diese Einsamkeit nicht aufbrechen. Für Raskolnikow bedeutet der Zusammenbruch aber nur die seine Eigenliebe verletzende Erkenntnis, dass er ein Versager ist, nicht weil er mordete, sondern weil er den Mord nicht ertrug.

Wenn dieser Mensch dennoch eine Wandlung erfährt, dann vor allem durch die Begegnung mit einer jungen Frau, die aus ganz anderen Quellen lebt. Es ist die sanfte, kindlich-zarte Sonja, die auf Drängen ihrer Stiefmutter Prostituierte geworden ist, um ihre Geschwister und ihre Eltern buchstäblich vor dem Verhungern zu retten. Aber obwohl sie nach außen als Ehrlose und Sünderin erscheint, ist ihre Existenz zentral auf die Wirklichkeit Gottes bezogen. Allein hier findet sie die Kraft, ihrem Leben nicht selbst ein Ende zu setzen oder den Verstand zu verlieren. Es ist ihr Lebensgeheimnis, über das sie nicht spricht, das aber durch ihr ganzes Wesen scheint und das ihrer völligen Wehrlosigkeit, Sanftmut und Mitleidensfähigkeit eine seltsame Kraft verleiht. Sie ist der Mensch, der in völligem Absehen von sich selbst dem intellektuell weit überlegenen Raskolnikow mit innerer Vollmacht begegnen kann. Zu ihr zieht es ihn auf unerklärliche Weise, ihr als Einziger beichtet er sein Verbrechen, und es ist ihre Weisung, die er befolgt, als er sich endlich selbst der Polizei stellt. Sie ist es, die ihn auf den Weg des Leidens schickt, ihn aber auch begleitet, bis nach Sibirien zur Zwangsarbeit. In einem Epilog deutet Dostojewskij Raskolnikows weiteren Weg eineinhalb Jahre nach seinem Verbrechen an.

Wie damals Dostojewskij wundert sich Raskolnikow darüber, wie sehr seine Mitgefangenen am Leben hängen und wie tief der Abgrund zwischen ihm und ihnen ist, deren Lebenswurzeln trotz ihrer Verbrechen noch unzerstört geblieben sind. Seltsamerweise halten ihn die Mitsträflinge in seiner grüblerischen Abgesondertheit für einen »Gottlosen«, obwohl er nie mit ihnen über dieses Thema gesprochen hat, und bringen ihn deshalb fast um. Sonja dagegen wird von allen geliebt und geachtet. Doch dann geschieht es nach einer längeren krisenhaften Krankheit, dass er Sonjas geduldige Liebe erwidern kann. Der erste Schritt zu einer inneren Umwandlung ist vollzogen. Die Liebe bricht seine Verschlossenheit auf und führt ihn zur Bereitschaft, das Leben neu zu sehen: *»Müssen denn ihre Überzeugungen jetzt nicht auch meine Überzeugungen sein?«*[119] Den Weg, den Raskolnikow von seinen besessenen Grübeleien in der Dachstube bis hierher gegangen ist, fasst Dostojewskij in den Worten zusammen: *»An Stelle der Dialektik begann das Leben.«*[120] Beim ersten Schritt dieser allmählichen inneren Umgestaltung ver-

[119] ebd., S. 740
[120] ebd.

lässt der Dichter Raskolnikow: *»Aber hier fängt schon eine neue Geschichte an, die Geschichte der allmählichen Erneuerung eines Menschen, die Geschichte seiner allmählichen Verwandlung, des allmählichen Übergangs aus einer Welt in die andere, der Bekanntschaft mit einer neuen, von ihm bisher völlig ungeahnten Wirklichkeit.«*[121]

Schuld und Sühne ist der erste der fünf großen Romane, in denen Dostojewskijs Meisterschaft ihren Höhepunkt erreicht und aus denen von nun an die offen ausgesprochenen Fragen nach *»Gott und Unsterblichkeit der Seele«* nicht mehr weggedacht werden können. Mit ihm greift Dostojewskij in den Geisteskampf seiner Zeit ein, um dem machtvoll heraufziehenden Nihilismus, der immer weitere Kreise gerade der jungen Intelligenz erfasst, entgegenzutreten. Er tut das nicht in apologetisch zwingenden Diskussionen. Der Glaube hat bei ihm keine wortgewaltigen Vertreter. Weder in besonderer karitativer Tätigkeit noch in bekenntnishaftem Reden liegt Sonjas Christlichkeit begründet, und erst recht nicht in der Erfüllung eines bürgerlichen Moralbegriffs. Sie liegt in ihrer Ergriffenheit von der Erscheinung Christi, aus der dann allerdings eine ständige hilfsbereite und selbstlose Hinwendung zum Nächsten folgt. Kein Leser wird das vierte Kapitel im vierten Teil vergessen, in dem Sonja auf Raskolnikows Drängen den Bericht über die Auferweckung des Lazarus vorliest, so, als sei sie in die Reihe der das Grab Umstehenden eingetreten und als müsse Raskolnikow sofort, unmittelbar durch die Wirkung dieses vor seinen Augen sich ereignenden Wunders, selbst verwandelt werden.

Von nun an wird in keinem der Romane Dostojewskijs eine dieser oft unscheinbaren und doch geheimnisvoll leuchtenden Gestalten fehlen, auch wenn sie nur für einen Augenblick, wie durch einen Türspalt, zu sehen sind. In ihnen ist das Heilige, die göttliche Welt und ihre Ordnung in allem Elendsgestank und aller erdrückenden Finsternis anwesend und auf wundersame Weise wirksam. In ihnen erscheint mitten in der Heillosigkeit und Haltlosigkeit des Lebens die Möglichkeit einer geheilten und gehaltenen Existenz, der Auferstehung aus einer in sich verkrümmten, dem Nächsten entfremdeten Todeswelt.

[121] ebd., S. 741

Der Roman machte sehr großen Eindruck. Strachow erinnert sich, man habe 1866 nur über diesen Roman geredet. Er muss auf die Leser eine ungeheure Wirkung gehabt haben: Nervenschwache hätten die Lektüre abbrechen müssen, Nervenstarke seien nahezu krank geworden[122]. Verblüffend für den heutigen Leser ist, dass ein sehr großer Teil der damaligen Literaturkritik Dostojewskijs Ziele in diesem Roman überhaupt nicht verstand. Man warf ihm Verleumdung der studentischen Jugend vor; ein Kritiker zögerte nicht zu behaupten, die Ursache für Raskolnikows Mord liege nicht in seinem Hirn, sondern in seinen »leeren Taschen«[123]. Übrigens geschah zu der Zeit, als der Roman noch im Druck war, ein Verbrechen, das dem von Raskolnikow begangenen bis in Details ähnelte. Dostojewskij sah dieses Zusammentreffen als Stärkung seiner These, dass sein *»Idealismus realistischer« sei «als der Realismus seiner Kritiker«*[124].

[122] Strachows Erinnerungen, nach Kjetsaa, S. 235
[123] So der Kritiker Pisarew, zitiert bei Kjetsaa, S. 239
[124] Ges. Briefe, S. 286 (an A.N. Maikow, Florenz, 11./23. Dez. 1868)

8. Die Jahre im Ausland (1867-1871)

Aufbruch zu zweit

Als die Dostojewskijs sich am Karfreitag 1867 zum Antritt ihrer großen Reise in den Westen in den Zug nach Wilna setzten und die Schwägerin Emilia Feodorowna samt Tochter Katja und Dostojewskijs Stiefsohn Pascha winkend am Bahnsteig zurückblieben, war das frisch vermählte Paar zwei von außen kommenden Gefährdungen glücklich entgangen: einer von Gläubigern angestrebten Zwangsversteigerung und den Intrigen von Dostojewskijs Petersburger Verwandtschaft. Nun fuhren Fjodor und Anna den Herausforderungen ihrer eigenen Zweisamkeit entgegen. Hätten sie allerdings geahnt, dass sie statt nach drei Monaten erst nach mehr als vier Jahren wieder zurückkehren sollten, hätten sie die Reise in weniger guter Stimmung begonnen.

Aus ihrer Perspektive berichtet Anna Grigorjewna in einem geradezu pedantisch geführten Tagebuch über die ersten gemeinsamen Monate im Ausland. Sie stenographierte ihre Eindrücke und verband so, praktisch wie sie war, zwei Ziele: Sie übte ihre Stenographie-Kenntnisse und konnte, ungehindert durch eine etwaige Kontrolle ihres Mannes, sich alles von der Seele schreiben, auch das, was sie über ihn dachte.

In diesem Tagebuch, das sehr eingehend über die praktischen Fragen des täglichen Lebens wie Preise, Speisekarten, günstige Angebote, möblierte Zimmer und deren Vermieterinnen berichtet, behauptet Anna immer wieder, glücklich zu sein und einen sehr guten Mann zu haben. Doch dem Leser wird schnell klar, dass ihre Nachsicht, Verständnisfähigkeit, Versöhnungsbereitschaft und Heiterkeit durch das nervöse und unausgeglichene Naturell Dostojewskijs hart auf die Probe gestellt werden. Andererseits bringt sie es fertig, einen seiner leichteren epileptischen Anfälle zu nutzen, um schnell einen Brief aus seiner Tasche zu ziehen und zu lesen, den sie zu ihrer Beruhigung einfach kennen *muss*. Beide können durch heftige Eifersuchtsanfälle leicht aus der Fassung gebracht werden. In Dresden leidet Anna darunter, dass er seine Korrespondenz mit Polina noch nicht abgebrochen hat.

Andererseits ist er sich klar darüber, dass diese junge Frau in ihrer unbedingten Bereitschaft, für ihn mit allen seinen Schwierigkeiten da zu sein, eine kostbare Gabe ist, mit der er behutsam und verantwortungsvoll umgehen will. Sie ist ihm keine kongeniale Gefährtin. Doch inzwischen ist ihm wichtiger geworden, was er kurz nach seiner Hochzeit Polina über Anna schrieb. Sie habe einen *»außerordentlich gütigen und offenen Charakter«* und: *»Sie hat ein Herz und weiß zu lieben«.*[125]

Nach kurzem Aufenthalt in Berlin lassen sie sich in Dresden nieder. Es ist, verglichen mit den kommenden Prüfungen, die glücklichste Zeit ihres Auslandsaufenthaltes. Das Geld reicht noch für ein einigermaßen standesgemäßes Leben, zwar ohne Luxus, aber doch mit täglichen Mahlzeiten im Restaurant, mit einer Kaffee- oder Teepause nach einem Spaziergang durch die Anlagen, mit einem hübschen Strohhut für Anna und neuen Stiefeln für Fjodor. Das Leben ist recht beschaulich und regelmäßig. Arbeit an einem – verloren gegangenen – Artikel über Belinski, Spaziergänge, Besuche in Buchhandlungen, Bibliotheken und vor allem in der Gemäldegalerie gehören zum täglichen Programm. Es ist vor allem die Sixtinische Madonna, von der Dostojewskij tief ergriffen ist und die er immer wieder aufsucht. Später wird eine Fotografie dieses Gemäldes über dem Diwan in seiner letzten Petersburger Wohnung hängen.

»Das verfluchte Trugbild«

Die wichtigste Hoffnung, die Dostojewskij auf seinen Auslandsaufenthalt gesetzt hat, ist, ungestört einen neuen erfolgreichen Roman zu schreiben, um das dringend notwendige Geld für sich und seine Gläubiger zu beschaffen. Aber der geruhsame Tagesablauf in deutscher Atmosphäre erweist sich als jeder schöpferischen Arbeit abträglich. Im Mai lässt er Anna in Dresden zurück und fährt für einige Tage nach Homburg zum Roulette. Offensichtlich braucht er wieder diesen Reiz, der seine Nerven vibrieren lässt, seine Kräfte herausfordert und extreme Emotionen freisetzt, um arbeiten zu kön-

[125] Ges. Briefe, S. 211 (an A.P. Suslowa, Dresden, 23. April/5. Mai 1867)

nen. In der Heftigkeit, mit der es ihn immer wieder zu dem intensiven Erleben von drohendem Spielverlust und tiefer Zerknirschung danach zieht, hat man einen masochistischen Zug sehen wollen. Dostojewskij selbst rationalisierte seine Besessenheit immer wieder als den – durchaus nahe liegenden – Wunsch, schnell zum dringend benötigten Geld zu kommen. Er gesteht dem Freund Maikow aber auch, dass ihn nicht nur die Hoffnung auf Gewinn treibt, sondern ebenso sehr der Reiz des Spiels an sich.[126] Der Nervenkitzel des »Alles oder Nichts« muss sein zu Extremen neigendes Naturell besonders herausfordern. Für ihn scheint die dramatische Atmosphäre um den Spieltisch eine besondere Anziehungskraft zu haben, wo sich, in Augenblicke zusammengedrängt, Schicksal vollziehen kann und das Leben sich in einer Hochstimmung intensivster Erwartung verdichtet. Daraus wird die vier Jahre dauernde verzweiflungsvolle Verfallenheit an das Spiel, deren Konsequenzen weit reichender sind als die seiner Spielsucht während der ersten Auslandsreisen. Die Misere, in die er nach Spielverlusten gerät, betrifft nun nicht mehr ihn allein. Für Anna wird das zur Feuerprobe ihrer ehelichen Tragfähigkeit. Im Juni 1867 ziehen die Dostojewskijs von Dresden nach Baden-Baden, wo er regelmäßig zu spielen beginnt. Ein ständiges Auf und Ab von kleinen Gewinnen und großen Verlusten prägt von jetzt an ihr Leben.

Anna ist nun schwanger. Zusätzliche Ausgaben stehen bevor. Aber Stück um Stück gibt sie, die das Geld verwaltet, kleinere und größere Summen heraus, um Schulden zu bezahlen und neue Einsätze zu ermöglichen. Nach und nach versetzen sie, was sie an Wertgegenständen und besseren Kleidungsstücken haben. Anna leidet nicht wenig unter ihrem nun schäbigen Aussehen. Dostojewskij ist verzweifelt über sich, seine Verluste, die Entbehrungen, die er ihr zumutet, aber im selben Atemzug fleht er um eine weitere Summe für den nächsten Einsatz und wird allein schon beim Gedanken wütend, Anna könne ihn am Spielen hindern wollen. Sie hat begriffen, dass diese Sucht wie eine Krankheit über ihren Mann gekommen

[126] Ges. Briefe, S. 222 (an Maikow, Genf, 16./28. August 1867). *»Jetzt will ich Ihnen schildern, wie es mir vorkam: einerseits dieser leichte Gewinn – … andererseits – meine Schulden, Prozesse, die seelische Unruhe und die Möglichkeit, nach Russland zurückzukehren; drittens, und das ist die Hauptsache, das Spiel selbst.«*

ist. Trotz allen Ärgers und aller Verzweiflung, die ihre Gefasstheit gelegentlich ins Wanken bringt, sieht sie, dass Vorwürfe nichts helfen würden, ja, dass sie ihren Mann vor seinen leidenschaftlichen Verzweiflungsausbrüchen und Selbstanklagen schützen muss. Als sie nach etwa sieben Wochen Baden-Baden endlich verlassen, um nach Genf weiterzureisen, nimmt sie die permanenten Spielverluste ihres Mannes mit bewundernswerter Gelassenheit hin. Dostojewskij geht eineinhalb Stunden vor Abfahrt des Zuges noch einmal ins Kasino und verspielt alles. Praktisch und allem selbstquälerischen Lamentieren abgeneigt, notiert sie: »Ich bat ihn, nicht zu verzagen, sondern mir lieber zu helfen, die Koffer zu verschließen und mit der Wirtin abzurechnen.«[127]

Von Genf aus fährt Dostojewskij gelegentlich in die Spielsäle von Saxon-les-Bains, später dann wieder nach Wiesbaden. Das Ritual von Verzweiflung, Reue, Besserungsgelöbnissen und Bitten um weiteres Geld wiederholt sich bis zur entscheidenden Wende. Kurz vor ihrer Rückkehr nach Russland, nach dem Verlust des ganzen Geldes, das Anna für ihn hatte zusammenkratzen können, hat er plötzlich in seiner bodenlosen Verzweiflung den sicheren Eindruck, nun von der Sucht geheilt zu sein. Am 28. April 1871 schreibt er ihr von Wiesbaden aus: *»Mir ist etwas Großes widerfahren, verschwunden ist die lasterhafte Phantasie, die mich fast zehn Jahre geplagt hat. . . . Jetzt ist alles vorbei! Das war wirklich das allerletzte Mal!«* Und er endet im letzten Postscriptum: *»Ich werde mein ganzes Leben daran denken und ein jedes Mal Dich, meinen Engel, segnen. Nein, jetzt bin ich nur noch Dein, untrennbar der Deine, ganz der Deine. Bisher gehörte ich zur Hälfte diesem verfluchten Trugbild.«*[128] Welcher Art dieses innere Erleben war, worin das *»Große«* bestand, bleibt im Dunkeln.

Aber er soll Recht behalten, es war wirklich das letzte Mal. Es ist darauf hingewiesen worden, dass seine neue innere Gewissheit später nie ernsthaft auf die Probe gestellt wird, da in jenem Jahr auch sämtliche Spielsäle in Deutschland geschlossen werden. Bei seinen späteren Kuraufenthalten in Bad Ems hat er keine Versuchungen mehr zu befürchten. Wir wissen nicht, wie er sich angesichts eines

[127] Anna Grigorjewna Dostojewskaja, Tagebücher, S. 322
[128] Ges. Briefe, S. 400

geöffneten Spielcasinos verhalten hätte, ebenso wenig wie wir wissen, was ihn letztlich befreite. Allein entscheidend bei diesem Geschehen ist aber die Tatsache seiner endgültigen und gnädigen Befreiung von Ketten, die er aus eigener Kraft nicht abschütteln konnte.

Von Genf nach Florenz: »Wir führen ein trübes, mönchisches Leben«

Die Dostojewskijs unterbrechen ihre Reise nach Genf für ein paar Stunden, um sich Basel anzusehen. In der dortigen Gemäldegalerie empfängt Dostojewskij einen nachhaltigen Eindruck von Holbeins Bild »Der tote Christus im Grab«. In dem provozierenden, jede Auferstehungsvorstellung ausschließenden Realismus, mit dem der Tod des Gottessohnes dargestellt ist, mag Dostojewskij eine Verwandtschaft zu seinen eigenen radikalen Fragen entdeckt haben. Holbein sei ein bedeutender Maler und Dichter, meint er und will das Bild aus nächster Nähe betrachten, während es in Anna »Widerwillen und Entsetzen« hervorruft. Die Begegnung mit diesem Bild ist für ihn so bedeutsam, dass es im Roman *Der Idiot* wieder erscheint, in dem Werk, das, in Genf begonnen, ihn ein schweres Jahr lang beschäftigen wird.

In einer möblierten Wohnung in Genf beginnt nach den Aufregungen in Baden-Baden wieder ein sehr regelmäßiges Einsiedlerleben. Für Dostojewskij bedeutet das Nachtarbeit, spätes Aufstehen, eingehende Lektüre russischer Zeitungen; für Anna gelegentliche Diktate und deren Reinschrift, Spaziergänge in Genf und seiner Umgebung, das Erkunden günstiger Einkaufsmöglichkeiten und weitere Einübung in den Umgang mit den Stimmungsschwankungen ihres Mannes. Gelegentlich treffen sie Herzen oder den revolutionären Dichter Ogarjow, ohne dass es zu einer tieferen Beziehung zwischen ihnen kommt.

Der Herbst naht. Dostojewskijs Stimmung verdüstert sich zusehends, sein gesundheitlicher Zustand verschlechtert sich, die Anfälle nehmen wieder zu, seine Gereiztheit wird immer quälender, und seine Abneigung gegen die Stadt wächst ständig.

Es ist die Freude auf ihr Kind, die in dieser dunklen Zeit immer wieder die Wolken vertreibt. Oft sprechen sie von der erwarteten Sonetschka oder dem kleinen Mischa und malen sich die Zeit mit ihrem Kind aus. Um den schnellsten Weg zur Hebamme im Gewirr der Gässchen ja nicht zu verfehlen, wenn es so weit sein wird, übt Dostojewskij ihn täglich. Am 22. Februar 1868 wird ihnen endlich das mit so viel Liebe erwartete Kind, die Tochter Sonja, geboren. Dostojewskij ist überglücklich. Er, der kleine Kinder ohnehin besonders liebt, überschüttet den Säugling mit der ganzen Zärtlichkeit seines Herzens. Aber das Glück dauert nicht: Im Mai desselben Jahres stirbt Sonja an einer Lungenentzündung. Der Schmerz der Eltern ist maßlos – zu maßlos für das bürgerliche Ruhebedürfnis der Nachbarn: Sie beschweren sich bei Anna über ihr verzweifeltes nächtliches Schluchzen! Die Dostojewskijs sind wirklich in der Fremde.

Kurz nach dem Tod der Tochter schreibt Dostojewskij an Maikow, den er gebeten hatte, Pate seiner Tochter zu werden: *»Ich bin aber noch nie so tief unglücklich gewesen wie in der letzten Zeit. … Nie werde ich sie vergessen, nie wird mein Gram ein Ende nehmen. Und wenn ich einmal ein anderes Kind bekommen sollte, so weiß ich gar nicht, ob ich es werde lieben können, wo ich die Liebe hernehmen werde. Ich will nur Sonja.«*[129]

Größte Sorgen macht er sich um Anna, die die Nächte durchweint und von Kräften kommt. Als sie schließlich von Genf nach Vevey ziehen, zusammen mit Annas Mutter, die eine Woche vor dem Tod der Kleinen eingetroffen ist, wird alles nur noch schlimmer. Dostojewskij, überreizt und erschüttert, verträgt das Klima noch weniger als in Genf. Zeitweilig bangt er um seine geistige Gesundheit. Das Leben hat sich für ihn völlig verdunkelt. Alles Schwere, das ihm bisher widerfahren ist, überfällt ihn wie aus einem Hinterhalt. Dostojewskij ist in eine tiefe Depression geraten.

Bis auf eine kurze Unterbrechung während Sonjas Krankheit arbeitet er weiter wie ein Sklave, ungeachtet seiner Erschütterungen und seines verdunkelten Gemüts, um beim »Russischen Boten« einigermaßen die Fristen für die Fortsetzung seines neuen Romans einzuhalten. Mit seiner Arbeit ist er zeitweilig *»bis zum Ekel«* unzufrieden und doch gezwungen, ohne Pausen weiterzuschreiben, um

[129] Ges. Briefe, S. 265 (an A.N. Maikow, Vevey, 22. Juni/4. Juli 1868)

die Vorschüsse, die er erhalten hat, abzuarbeiten. Die Anregungen aus Russland fehlen. Die Schönheit des prachtvollen Alpenpanoramas in Vevey nimmt er zur Kenntnis, kann sich aber nicht daran freuen. Die Berge engen seine Gedanken ein.

Endlich, Anfang September 1868, verlassen sie den Genfer See und das kleine Grab, um nach Mailand aufzubrechen. Aber die Herbstschwermut holt sie auch in Mailand bald wieder ein: An Maikow schreibt er im November 1868: *»Es regnet viel, und zudem ist es zum Sterben langweilig. Anna Grigorjewna ist geduldig, hat aber Heimweh nach Russland, und beide weinen wir um Sonja. Wir führen ein trübes und mönchisches Leben.«*[130]

In der Hoffnung auf ein günstigeres Klima, ein billigeres Leben und vor allem auf russische Zeitungen siedeln Dostojewskij und seine Frau nach Florenz über, wo sie bis zum Juli des folgenden Jahres bleiben. Trotz des unaufhörlichen Heimwehs und des üblichen Missmuts in einer westlichen Stadt scheint es, als habe Dostojewskij Florenz gegenüber eine positivere Haltung gefunden als zu seinen bisherigen Aufenthaltsorten im Ausland. In ihre Florentiner Zeit fallen schließlich zwei erfreuliche Ereignisse: Im Winter 1868/69 zeigt sich, dass Anna wieder ein Kind erwartet, und Dostojewskij kann endlich den Roman, der ihn so viel Kräfte gekostet hat, zu Ende bringen.

»Der Idiot«

Über die schwierige Arbeit an diesem Werk geben viele Briefe aus den letzten Monaten des Jahres 1867 und aus dem Jahr 1868 Auskunft. Es soll unbedingt ein erfolgreicher Roman werden, der ihm aus seiner desolaten finanziellen Lage hilft und eine rasche Rückkehr nach Russland ermöglicht. Schon bald zeigt sich aber, dass die Arbeit nicht in der erwünschten Zügigkeit vorangeht. Die Atmosphäre der Stadt, das Klima, in dem sich seine Anfälle häufen, die Trennung von der Heimat, die Trauer um das Kind, all das lähmt seine Kräfte. Dazu hat sich die Hauptfigur seines Romans von den ursprünglichen Überlegungen immer weiter entfernt. Kurz bevor er

[130] Ges. Briefe, S. 274 (an A.N. Maikow, Mailand, 26. Okt./7. Nov. 1868)

dem »Russischen Boten« den ersten Teil schicken soll, vernichtet er alles bisher Geschriebene und setzt neu an.

Den aufschlussreichsten Brief über das neue Konzept des Romans schreibt er im Januar 1868 an seine Nichte Sonja: *»Die Grundidee ist die Darstellung eines wahrhaft vollkommenen und schönen Menschen. Und dies ist schwieriger als irgendetwas in der Welt, besonders aber heutzutage. Alle Dichter, nicht nur die unsrigen, sondern auch die europäischen, die die Darstellung des Positiv-Schönen versucht haben, waren der Aufgabe nicht gewachsen, denn sie ist unendlich schwer. Es gibt in der Welt nur eine einzige positiv-schöne Gestalt: Christus, diese unendlich schöne Gestalt ist selbstverständlich ein unendliches Wunder. . . . Der Roman heißt ›Der Idiot‹.«*[131]

Dieser *Idiot* (*Idiot*, 1868/69) im Mittelpunkt des so benannten Werkes, Fürst Lew Nikolajewitsch Myschkin, ist der letzte Nachkomme eines alten Geschlechts. Er ist Epileptiker. In einem Schweizer Sanatorium konnte er vor dem Verlust seiner geistigen Kräfte bewahrt werden. Am Ende des Romans versinkt er endgültig in geistige Umnachtung. Die Romanhandlung umfasst die kurze Spanne Zeit, die er in Petersburg verbringt, zwischen seinem ersten vorläufigen und seinem zweiten endgültigen Aufenthalt in diesem Sanatorium.

Als *»Idiot«* wird Fürst Myschkin jedoch nicht seiner Krankheit wegen betrachtet, sie unterstreicht nur die rätselhafte Fremdheit seiner Erscheinung. In einer Gesellschaft, in der man unter der Maske guter Manieren mit allen Mitteln um Geld, Ansehen und Einfluss kämpft, lassen ihn seine völlige Arglosigkeit und Offenheit, seine grenzenlose Nachsicht und Selbstlosigkeit im Umgang mit allen Menschen als »Dummkopf« erscheinen. Er steht im Mittelpunkt des Geschehens nicht eigentlich als handelnde, sondern vielmehr als begegnende Person. Seine völlige Andersartigkeit fordert die Menschen in seiner Umgebung zu überraschenden Reaktionen heraus. Der entscheidende Konflikt der Romanhandlung entzündet sich aber an der Fähigkeit, die ihn zutiefst bestimmt, an der Fähigkeit zu einem geradezu maßlosen Mitleiden.

Diese schrankenlose Offenheit für den Schmerz des anderen erweist sich als verhängnisvoll, als er vor die Wahl zwischen zwei

[131] Ges. Briefe, S. 251ff (an S.A. Iwanowa, Genf, 1./13. Jan. 1868)

Frauen gestellt wird, die ihn beide lieben. Da ist einmal die Halbweltdame Nastasja Filippowna, eine tragische Schönheit, die, in früher Jugend durch einen Lebemann verführt, sich diese Schmach in selbstzerstörerischem Stolz nicht vergeben kann und sich selbst und ihre Umwelt verachtet. Myschkin ist der Einzige, der ihre tödlich verletzte Seele erkennt und ihr erschüttert begegnet. Und da ist Aglaja Iwanowna, ein strahlend schönes, junges Mädchen, die ihren unbestechlichen Blick und ihr Herz für echte Menschlichkeit hinter einem verwirrend kapriziösen Gebaren versteckt und für ihn die Anziehungskraft einer unverletzten inneren und äußeren Schönheit hat.

Beide Frauen gehen unter: Nastasja durch das Messer ihres eifersüchtigen Verehrers, zu dem sie von Myschkin weg flüchtete, weil sie sich seiner unwürdig fühlt, Aglaja durch eine spätere unglückliche Heirat, die im Epilog des Romans erwähnt wird. Den Erschütterungen des katastrophalen Ausgangs ist Myschkin nicht gewachsen. Man findet ihn, wie er, selbst schon nicht mehr ansprechbar, den bewusstlos fiebernden Mörder vor dem Bett der Ermordeten streichelt, tröstet und mit ihm weint.

Das *»Positiv-Schöne«* in der Gestalt des Fürsten – und für Dostojewskij bedeutet dies das Christusähnliche – liegt da verborgen, wo die Gesellschaft seine »Dummheit« sieht: in seiner Wahrhaftigkeit, seiner Vorurteilslosigkeit, seiner Bereitschaft, alles zu verzeihen, in seiner Demut und Sanftmut. Dabei erfasst er intuitiv den Wesenskern der Menschen, mit denen er zu tun hat. Seine Offenheit ist mit naiver Harmlosigkeit nicht gleichzusetzen, und seine Sanftmut und Demut sind nie unterwürfig, sondern mit innerer Freiheit und Tapferkeit gepaart.

Ein Abglanz der Erscheinung Christi liegt auch in der Wirkung, die er auf seine Umgebung hat. Zwar nennt man ihn einen *»Idioten«*, ist aber gleichzeitig zutiefst angezogen von der wohltuenden Andersartigkeit seines Wesens. Gerade sie bringt auch in den Menschen, denen er begegnet, lange verschüttete Möglichkeiten zu Wahrhaftigkeit und Güte ans Licht, wenn auch nur für kurze Zeit. Doch ist der Glanz christusähnlicher Schönheit auch in ihm selbst gebrochen durch charakterliche und konstitutionelle Schwächen; so etwa geht die Fähigkeit seines allumfassenden Mitleidens auf Kosten vital männlicher Liebesfähigkeit und aktiver Entscheidungskraft. Auch sein Versinken in die geistige Umnachtung zeigt und verhüllt gleichzeitig einen Strahl christusähnlichen Erbarmens. Bis in das Schwinden seines Bewusstseins hinein hält er den dunklen Bruder, Rogoschin, umfangen, mit dem er das Taufkreuz tauschte und der, ehe er Nastasja erstach, aus Eifersucht auch ihm nach dem Leben trachtete. Das Licht der Christusähnlichkeit ist in Myschkin gegenwärtig, der in einer Wolfsgesellschaft als *»Lamm«*[132] auf die Dauer nicht leben kann und der doch allein durch sein Dasein die tief im Menschen verborgene Sehnsucht nach dem Bild seiner Bestimmung, das in Christus erschienen ist, weckt.

Dostojewskij hat die Gestalt des Fürsten mit wesentlichen autobiographischen Zügen ausgestattet: Er ist Epileptiker, er hat einer Hinrichtung beigewohnt, und er reflektiert über die letzten Augenblicke des Delinquenten vor dem Tod mit Gedanken, die aus Dostojewskijs eigener Kenntnis der Situation stammen. Das Holbeinbild »Der tote Christus im Grab« hängt als Kopie in Rogoschins Wohnung und erschüttert Myschkin, wie es Dostojewskij erschütterte. In vielen Äußerungen Myschkins finden sich Ansichten, die Dostojewskij damals bewegten und die er später im *Tagebuch eines Schriftstellers* thematisiert, die aber auch in den folgenden Romanen wieder auftauchen: das Verhältnis Russlands zum Westen, die Beziehung zwischen Katholizismus und Sozialismus, der Auftrag Russlands, der Welt seinen »russischen Christus« aufstrahlen zu lassen. – Der Roman wird nicht der erhoffte Erfolg. Als Buch erscheint er erst 1874. Trotzdem bleibt er Dostojewskijs Herzen besonders nah.

Von Florenz nach Dresden

Dostojewskijs Hoffnung, noch 1869, nach Abschluss des *Idioten*, in die Heimat zurückkehren zu können, erfüllt sich nicht. Um die Buchausgabe des Romans kann er sich vom Ausland aus nicht kümmern. So unterbleibt sie fürs Erste. Dostojewskij ist wieder zu demütigenden Bitten um Vorschüsse beim »Russischen Boten« gezwungen, obwohl er dort noch Schulden hat. Unter dieser Situation leidet er besonders. Dostojewskij hat ein empfindliches Ehrgefühl

[132] *Idiot*, S. 182

und ist ständig bemüht, Schulden zu begleichen, Vorschüsse abzuarbeiten und möglichst termingerecht Manuskripte zu liefern, was ihm aber aus gesundheitlichen Gründen und durch unerwartete Komplikationen bei der Ausführung seiner Ideen oft nicht gelingt.

Bis Ende Juli müssen die Dostojewskijs im glühend heißen Florenz ausharren, ehe endlich eine Geldsendung vom »Russischen Boten« ihre Abreise ermöglicht. Die Stadt ist ihnen zu stickig und zu laut geworden. Für die Geburt ihres zweiten Kindes im September suchen sie einen *»ruhigen Platz«*. Sie haben an Prag gedacht. Aber als sie die Stadt nach einer schönen Reise über Venedig, Bologna, Triest und Wien schließlich erreichen, können sie zu ihrer Enttäuschung dort keine möblierte Wohnung auftreiben. So beschließen sie, sich im schon vertrauten Dresden niederzulassen. Dort kommt am 14. September ihre Tochter Ljubow zur Welt, und dort bleiben sie fast zwei Jahre bis zu ihrer Rückkehr nach Petersburg, obwohl sich auch hier Dostojewskij über die Unverträglichkeit des Klimas und häufige Anfälle beklagt. Er braucht seine Kräfte dringend für neue literarische Pläne.

Noch während seiner Arbeit am *Idiot* beschäftigt Dostojewskij die Idee eines neuen großen Romans. In Briefen an seine literarischen Freunde gibt er ihm zunächst den Titel *»Atheismus«*, später *»Lebensbeschreibung eines großen Sünders«*. In einem umfangreichen Gesamtzyklus, der aus einzelnen, in sich abgeschlossenen Romanen bestehen soll, will er den religionsphilosophischen Gedanken, Erkenntnissen und Fragen, die ihn schon lange bewegen, Gestalt geben. Aber vieles aus diesen Aufzeichnungen und Überlegungen findet seinen Platz in den drei großen folgenden Romanen.

Zuvor liefert er der neu gegründeten Zeitschrift »Morgenröte«, deren Redakteur Strachow ist, einen kleineren Roman, dessen Grundidee noch aus dem Jahr 1864 stammt: *Der ewige Gatte* (*Wetschny musch, 1870*). Wie schon im *Spiele*r greift er auch hier eigene Belastungen und Verstrickungen auf, diesmal die des betrogenen Ehemanns. *Der ewige Gatte* erscheint 1870 in zwei Fortsetzungen in der »Morgenröte« und findet große Anerkennung.

Aber schon Ende 1869 sind Ereignisse eingetreten, die Dostojewskij tief aufwühlen und zu seinem nächsten großen Roman treiben.

»Die Dämonen«

Etwa einen Monat nach der Geburt von Ljubow kommt Annas jüngerer Bruder Iwan zu Besuch nach Dresden. Er ist Student an der Moskauer Landwirtschaftshochschule und berichtet von Unruhen, die dort unter den radikal gesinnten Kommilitonen ausgebrochen sind. Zu einem dieser Studenten, einem gewissen Iwanow, hatte er gute persönliche Beziehungen. Er schildert ihn als sympathisch, kameradschaftlich und sehr um ihn besorgt. Iwanow hat ihm zugeredet, Moskau zu verlassen und den Besuch bei seiner Schwester nicht aufzuschieben.

Die Schilderungen Iwans steigern Dostojewskijs Unruhe um Russland, die ihn seit längerer Zeit umtreibt. Er liest täglich mit gespanntester Aufmerksamkeit alle erreichbaren russischen Zeitungen und verfolgt mit Besorgnis den zunehmenden Nihilismus und die wachsende Radikalität unter der russischen Jugend. Da geht ein paar Wochen später eine böse Nachricht durch die Presse: Am 21. November ist ein Student namens Iwanow von Kommilitonen im Park bei der Landwirtschaftshochschule in Moskau ermordet und in einen Teich geworfen worden. Es ist jener Bekannte von Annas Bruder.

Wie sich später herausstellt, hat er sich von einem Kreis terroristischer Verschwörer distanzieren wollen, deren diktatorischer Anspruch auf Disziplin und Unterwerfung ihm unannehmbar erschien. Der Befehl zum Mord ist von dem Studenten Netschajew, einem fanatischen Jünger Bakunins, gegeben worden. Netschajew hat eine Reihe ihm ergebener subversiver Fünfergruppen gebildet. Sie sollten zunächst unabhängig voneinander operieren, um dann 1870, am Jahrestag der Aufhebung der Leibeigenschaft, überall in Russland loszuschlagen. Nach Aufdeckung des Mordes kann Netschajew ins Ausland entkommen, wird aber 1872 in Zürich verhaftet und an Russland ausgeliefert, wo er elf Jahre später im Gefängnis stirbt.

Dostojewskij ist tief erregt von diesen Nachrichten und Gerüchten. Das Werk, in dem er die Geschehnisse in Russland deuten wollte, ist der Roman *Die Dämonen* (*Besy*), der, 1870 in Dresden begonnen, 1871 und 1872 im »Russischen Boten« erscheint.

Zwei Zitate stellt er dem Werk als Motto voran: einmal Strophen aus einer berühmten Puschkin-Ballade, in denen der Dichter im Schneesturm das Heulen teuflischer Geister hört, die ihn vom Weg abbrachten. Als Zweites den Bericht aus dem Lukasevangelium über den Besessenen, den auf Befehl Jesu die Dämonen verließen, um in eine Herde Säue zu fahren, die sich in den See stürzten[133], während der ehemals Besessene vernünftig zu Jesu Füßen sitzt. Wie Dostojewskij dieses Motto versteht, erläutert er im Oktober 1870 in einem Brief an Maikow: *»Die Dämonen sind aus den Russen in eine Herde Säue gefahren, das heißt in Netschajew, Serno-Solowitsch u.a., diese sind ersoffen oder werden bestimmt ersaufen, der Geheilte, den die Teufel verlassen haben, sitzt zu Jesu Füßen. So musste es auch kommen. Russland hat diesen Unflat, mit dem man es überfüttert hatte, ausgespien, und in diesen ausgespienen Schurken ist natürlich nichts Russisches übrig geblieben. Und beachten Sie das, lieber Freund: Wer sein Volk und sein Volkstum verliert, der verliert auch den Glauben seiner Väter und seinen Gott. Wenn Sie es also wissen wollen – das eben ist das Thema meines Romans. Er heißt ›Die Dämonen‹ und stellt dar, wie diese Dämonen in eine Herde Säue fuhren.«*[134]

In sehr polemischer Form hat Dostojewskij hier ausgedrückt, was ihn zum Schreiben dieses Romans treibt: dass er Russland in einem Zustand der Besessenheit sieht. Die dämonischen Kräfte, die Russland von seinem eigentlichen Weg abzudrängen suchen, haben sich ihm schon in den liberalen und sozialutopischen Ideen der vierziger Jahre gezeigt. Aus seiner späteren Sicht ist er damals selbst ihrer Verführung fast erlegen. Sie standen für ihn am Beginn einer Entwicklung, die zu den terroristischen Aktionen der Radikalen am Ende der sechziger Jahre führte. Der Nihilismus und der Radikalismus dieser Zeit sind nichts anderes als die Frucht der liberalen und sozialutopischen Ideen, die noch seine Generation bestimmten. In diesen Ideen aus dem Westen hört er die Stimmen, die Russland von seinem ureigenen, seinem russischen Weg in den Spuren der Orthodoxie weglocken wollen. Besonders gefährlich scheint ihm dabei die radikale Infragestellung Russlands, die diese Ideen mit sich bringen und die gerade von der jungen Intelligenz mitvollzogen wird. Den Satz, den Dostojewskij Maikow schreibt, hat schon Myschkin im *Idio*t vertreten: *»Wer sein Volk und sein Volkstum ver-*

[133] Lukas 8,32-36

[134] Ges. Briefe, S. 372f (an A.N. Maikow, Dresden, 9./21. Okt. 1870)

liert, der verliert auch den Glauben seiner Väter und seinen Gott.«[135]

Im Roman selbst drücken sich diese ideengeschichtlichen Zusammenhänge darin aus, dass der Wegbereiter und Drahtzieher terroristischer Aktionen, ein junger Radikaler und Nihilist, Pjotr Werchowenski, der Sohn eines liebenswürdigen liberalen »Westlers« ist, dessen Rede von französischen Phrasen und Ideen des Idealismus durchsetzt ist. Diesen alten Herrn der oberen Gesellschaft führt das Ende seines Lebensweges mit hilfsbereiten Menschen aus dem einfachen Volk zusammen, und durch sie entdeckt er das Evangelium wieder. Eine umherziehende Evangelienverkäuferin liest dem Todkranken die erwähnte Geschichte vom Besessenen und den Säuen vor, und der alte Professor, der sich auf dem Sterbebett von seinen ehemaligen Überzeugungen abwendet, deutet den Text so wie Dostojewskij im Brief an Maikow. Am Ende steht die Hoffnung, dass Russland von den Dämonen befreit zu Jesu Füßen sitzen wird.

Auf zwei Ebenen spielt sich der Geisteskampf ab: Da ist einmal die Gesellschaft einer kleinen Provinzstadt, auf die die Aktivitäten einer subversiven Gruppe zielen. Unter dem Anschein jugendlichen Übermuts korrumpiert sie die oberflächlich liberale und bindungslos gewordene »bessere Gesellschaft« und stellt sie ohne ihr Wissen in den Dienst der Revolution, indem sie sie »auf jede erdenkliche Weise ausnutzt, ihre Begriffe verwirrt und sich so weit als möglich ihrer Geheimnisse bemächtigt«, wie Netschajew in seinem mit Bakunin verfassten »Katechismus eines Revolutionärs« ausführt. Das Treiben der Umsturzbesessenen kulminiert im Gemeinschaftsmord an einem Mitglied der Gruppe, Schatow, einem ehemaligen Studenten, der sich aus ihr lösen wollte.

Geisteskämpfe finden auch im Inneren der Hauptpersonen selbst statt. Im Zentrum des Geschehens und doch im Halbdunkel geheimnisvoller Unnahbarkeit steht ein junger Mann aus altem Adel, Nikolai Stawrogin. Von Pjotr Werchowenski, dem Anführer der revolutionären Gruppe, wird er geradezu unterwürfig als Mann der kommenden Ordnung verehrt. Er ist ein Mensch mit außergewöhnlichen

[135] *Idiot*, S. 833: «Wer sich von seiner Heimat losgesagt hat, der hat sich auch von seinem Gott losgesagt.«

Gaben, er hat sich selbst auf unterschiedliche Weise seinen Mut und seine Stärke bewiesen, aber letztlich weiß er nicht, wo er sie einsetzen, welcher Sache er sie widmen soll. Er ist ein bindungsunfähiger Mensch, im psychologischen und metaphysischen Sinn. Im entscheidenden Augenblick seines Lebens hat er sich der Gnade verschlossen und ist bei seinem Hochmut geblieben, ein innerlich immer tiefer erkaltender Mensch, der im Selbstmord endet.

Man hat Dostojewskij diesen Roman sehr übel genommen, zu seiner Zeit schon und später. Man hat ihm vorgeworfen, dass er die Revolutionäre gehässig karikiert habe, ohne auch nur mit einem Wort auf die Berechtigung ihrer Beweggründe und Forderungen einzugehen. Es geht Dostojewskij hier aber um das, was die »Metaphysik der Revolution«[136] genannt worden ist. Im Roman wird an der kleinen Gruppe der Revolutionäre und ihren Aktionen exemplifiziert, wie es in letzter Konsequenz aussehen kann, wenn Menschen in bindungsloser Eigenmächtigkeit die Idee, von der sie besessen sind, verwirklichen wollen. Nicht dass Dostojewskij blind gewesen wäre für Mängel und Ungerechtigkeiten in der Gesellschaft seiner Zeit, aber im Sozialismus als erstrebtem irdischen Paradies, das der Mensch aus eigener Kraft schaffen will, sieht er die Ideologie der gottlosen Selbstherrlichkeit, die er leidenschaftlich angreift.

Dostojewskijs Lektüre des Neuen Testaments umfasste auch die Offenbarung des Johannes, die er mit vielen Unterstreichungen und Anmerkungen versah. In der Zeichnung der Hauptfiguren der revolutionären Umtriebe ahnt man die Umrisse des Antichristen und seines Lügenpropheten.[137] Durch das Zeitgeschehen hindurch kündigt sich dem Dichter die apokalyptische Erscheinung des Menschen an, der die widergöttliche Eigenmächtigkeit in einem Übermaß an Selbstüberhebung verkörpert. Überblickt man den Zeitraum seit dem Tod Dostojewskijs bis in unsere Tage, so ist man betroffen, mit welcher Hellsichtigkeit er die Konsequenzen ideologischer Besessenheit gezeichnet hat, die durch die Wirklichkeit nicht nur in seinem Land zum Teil noch übertroffen worden sind.

[136] Janko Lavrin, Dostojewski, S. 97 (*Die Dämonen*)
[137] dazu Kjetsaa, S. 314-322

Die Rückkehr nach Petersburg

In die Zeit des Dresdner Aufenthaltes fallen zwei politische Ereignisse, die Dostojewskij dem Westen noch weiter entfremden. Im Juli 1870 bricht der deutsch-französische Krieg aus. Dostojewskijs Sympathien gehören den Franzosen. Auf deutscher Seite sieht er nur die *»rohe Kraft«*. Im März 1871 ist dann die Erhebung der Pariser Kommune und der Brand von Paris für ihn derselbe antichristliche Versuch, eine neue, bessere Gesellschaft durch Feuer und Blut zu errichten, den er gerade in den *Dämonen* attackierte.

Durch den Krieg verschlechtert sich die ohnehin drückende finanzielle Lage der Familie weiter. Das Leben ist sehr teuer geworden. Kredite gibt es nicht mehr. Das Heimweh wächst und erdrückt allmählich die Lebens- und Arbeitskraft. *»Ich fühle mich getrennt von dem lebendigen Strom des Lebens; nicht von der Idee an sich, sondern von ihrer lebendigen Verkörperung – und das wirkt ganz ungeheuer auf das künstlerische Schaffen ein«*[138], schrieb er Maikow im April 1870. Diese Not wächst und überschattet auch die Freude an der kleinen Tochter Ljubow, der Dostojewskij, ungeachtet der Ängste nach Sonjas Tod, ein sehr zärtlicher Vater ist. Anna ist seit Ende des Jahres 1870 wieder schwanger. Auch sie leidet zunehmend unter der Trennung von der Heimat. Dazu muss sie zwischendurch Dostojewskij mit dem letzten Geld seinem Spieldämon überlassen und der Mutter, die zu Besuch ist, den tatsächlichen Grund seiner Abwesenheit verheimlichen. Von Jahr zu Jahr haben beide gehofft und geplant, endlich zurückkehren zu können. Und immer wieder ist die Hoffnung aus finanziellen Gründen geplatzt.

Aber schließlich erreicht auch diese *»Verbannungszeit«*, an der Dostojewskij nach eigenem Bekunden[139] schwerer getragen hat als an der Sträflingszeit in Sibirien, ihr Ende: Als 1871 in den letzten Junitagen eine größere Summe vom »Russischen Boten« eintrifft, können sie endlich die notwendigen Vorbereitungen für die Rückkehr treffen. Dostojewskij, immer noch vom Geheimdienst überwacht, verbrennt den größten Teil seiner Papiere.

[138] Ges. Briefe, S. 346 (an N.A. Maikow, Dresden, 25. März/6. April 1870)
[139] Ges. Briefe, S. 292 (an S.A. Iwanowa, Florenz, 25. Jan./6. Febr. 1869)

Trotzdem dauert die Kontrolle bei der Ausreise in Berlin so lange, dass die Dostojewskijs ihre planmäßige Abfahrt nur Ljubow verdanken, die kräftig und ausdauernd schreit, bis die Beamten ihre Überprüfungen entnervt abbrechen.

Der nicht zu überschätzende menschliche Gewinn dieser Zeit liegt im Zusammenwachsen der Ehepartner. Die Not und die Schicksalsschläge, die ihnen ohne weiteren menschlichen Beistand aufgegeben waren, haben sie zu einer tiefen und verlässlichen Gemeinschaft zusammengeschlossen.

Der Widerstand gegen die westlichen Lebensformen hat bei Dostojewskij mit der Hinwendung zur russischen Eigenart auch die Beschäftigung mit dem christlichen Glauben vertieft. Dass diese Vertiefung nicht allein sein Werk aus der Auslandszeit prägt, sondern ihn selbst verändert hat, davon berichtet Strachow in seiner Dostojewskij-Biographie. Nicht nur, dass er in Gesprächen in besonderer Weise religiöse Themen angesprochen habe, es sei bis in den Tonfall seiner Stimme, bis in seinen veränderten Gesichtsausdruck eine neue Gemütsverfassung spürbar geworden.

9. Dritte Petersburger Periode als Kämpfer, Ratgeber und Prophet (1871-1881)

Neuanfang in Petersburg

Als Dostojewskij am 8. Juli 1871 mit seiner Familie endgültig nach Petersburg zurückkehrt, liegen noch knapp zehn Schaffensjahre vor ihm. In diesem Zeitraum wird er nicht nur zum großen, nun allgemein anerkannten Dichter, sondern auch zum Gesprächspartner seiner Nation. In prophetischer Dringlichkeit kreisen seine Gedanken um Russlands Weg in die Zukunft. Zwei große Romane, *Der Jüngling* und *Die Brüder Karamasow*, entstehen in dieser Zeit, außerdem ein Meisterwerk journalistischer Wachheit und Schaffenskraft, die Ein-Mann-Monatszeitschrift *Tagebuch eines Schriftstellers* (*djewnik pisatelja*).

Zunächst aber hat er zum dritten Mal ganz von vorne anzufangen. Es muss schnell eine Bleibe gefunden werden, denn schon am 16. Juli kommt der Sohn Fjodor – wie der Vater »Fedja« genannt – zur Welt. Das Eigentum beider Eheleute ist während ihrer Abwesenheit veruntreut worden. Dostojewskijs kostbare Bibliothek hat sein Stiefsohn Pascha eigenmächtig verkauft; Annas Haus, durch dessen Verkauf sie die schlimmsten Schulden begleichen wollte, muss durch die Nachlässigkeit des Pächters zwangsversteigert werden und bringt keinen Gewinn. Dazu kommt als unerfreulichste Verwicklung ein Erbschaftsstreit um die Hinterlassenschaft der reichen Patentante Alexandra Fjodorowna Kumanina. Das Ergebnis ist die Aufkündigung alter Freundschaften. Verlässlich sind während seiner Abwesenheit die Gläubiger geblieben, die bei seiner Ankunft alle wieder zur Stelle sind, um ihn an seine insgesamt 25000 Rubel Schulden zu erinnern.

Und doch ist die Lage nicht mehr aussichtslos. Anna hat in den Auslandsjahren an Mut und Festigkeit noch gewonnen und ist fest entschlossen, den Kampf mit allen widrigen Umständen aufzunehmen und ihrem Mann möglichst viel Freiraum für seine Arbeit zu schaffen. Sie übernimmt nun mit viel Geschick die Verhandlungen mit den Gläubigern und verhindert neuerliche Invasionen von Dostojewskijs Verwandten. Trotz aller Widrigkeiten sind beide glücklich, wieder in der Heimat zu sein.

Ein Hinweis auf seinen nun erreichten Bekanntheitsgrad ist der Auftrag, den der Moskauer Gemäldesammler Pawel Tretjakow dem großen Maler Perow gibt: Er soll Dostojewskij für eine Sammlung von Dichterbildnissen porträtieren.

Damit Dostojewskij endlich ungestört die *Dämonen* beenden kann, mietet die Familie im Sommer 1872 ein Häuschen in Staraja Russa, einem kleinen Kurort in der Nähe des Ilmensees, der zu ihrem ständigen Sommerziel wird. Durch eine Reihe von Unglücksfällen – Ljubow muss operiert werden, Anna erkrankt lebensgefährlich – hat dieser erste Aufenthalt nicht den gewünschten Erfolg. Dostojewskijs Unruhe um seine Familie, die für ihn zur unverzichtbaren Grundlage seines Lebens geworden ist, verhindert ein konzentriertes Arbeiten. Er kann seinen Roman erst im Dezember 1872 abschließen.

Redakteur beim »Graschdanin«

Wie nach seiner Rückkehr aus Sibirien, lässt Dostojewskij auch jetzt, gleich nach dem Abschluss der *Dämonen*, erneut seine Stimme als Journalist hören. Sehr schnell hat er, der im Ausland schon fürchtete, Russland nicht mehr verstehen zu können, den Anschluss an den *»lebendigen Strom der russischen Wirklichkeit«* gefunden und die neuen Fragen und Ziele in der Gesellschaft verstanden. *»... Nun, dann bin ich heimgekehrt und habe doch keine besonderen Rätsel gefunden; zwei, drei Monate, und man hat alles von neuem begriffen«*[140], schreibt er Janowski Anfang 1872.

Wenn es auch zu erwarten war, so ist es doch schmerzlich, dass die *Dämonen* vor allem auf heftige Ablehnung stoßen. Die radikale Intelligenz, die auf gesellschaftliche Veränderung drängt, die im Revolutionär eine Art von Heiligem nach dem Vorbild der Dekabristen sieht, empört sich über die in ihren Augen entstellende Zeichnung der Revolutionäre und ihrer Aktionen. Interesse und Aufmerksam-

[140] Ges. Briefe, S. 413 (an S.D. Janowski, St. Petersburg, 4. Febr. 1872)

keit findet der Roman hingegen bei konservativen Kreisen. Eine wichtige Persönlichkeit dort ist Fürst Meschtscherski, den Dostojewskij mittlerweile kennen gelernt hat. 1872 gibt der Fürst in Petersburg die erste konservative Wochenschrift, den »Graschdanin« (»Bürger«), heraus und sucht dringend einen Redakteur.

Dostojewskij bietet seine Mitarbeit an. Für 3000 Rubel Jahresgehalt und ein zusätzliches Honorar für eigene Artikel übernimmt er diese Aufgabe. Neben einer zwar recht bescheidenen, aber doch hilfreichen finanziellen Sicherheit bietet sie ihm auch die Gelegenheit zur öffentlichen Diskussion. Für viele erweckt die Tatsache seiner Mitarbeit am »Bürger« den Eindruck, als sei Dostojewskij nun endgültig im Lager der Konservativen verschwunden. Tatsächlich sind aber Dostojewskijs Ansichten viel differenzierter als die seines Arbeitgebers. Das macht die Zusammenarbeit mit dem recht selbstherrlichen Fürsten nicht einfacher. Wieder stürzt sich Dostojewskij mit ganzem Engagement in ein Übermaß an Arbeit, da er als Verantwortlicher alles prüft, überarbeitet, neu schreibt und außerdem eigene Artikel verfasst.

Dem Fürsten gegenüber zeigt sich Dostojewskij wenig kompromissbereit, aber auch für seine Mitarbeiter ist er ein recht unbequemer, hitziger und anspruchsvoller Vorgesetzter. Andererseits zeigt er echtes Interesse am Ergehen, Fühlen und Denken besonders seiner jüngeren Mitarbeiter. Zeugen von Begegnungen mit Dostojewskij aus dieser Zeit berichten immer wieder, dass die Frage nach dem Glauben seines Gesprächspartners für ihn sehr bedeutsam geworden ist und dass negative oder ausweichende Antworten ihn beunruhigen.

Vielleicht das wichtigste Ergebnis seiner Redaktionsarbeit beim »Bürger« sind seine sehr persönlichen Beiträge unter dem fortlaufenden Titel *Tagebuch eines Schriftstellers*: In ihnen greift er Ereignisse und Verhaltensweisen auf, die ihm für die innere Verfassung der Gesellschaft symptomatisch erscheinen.

Drei Jahre später wird Dostojewskij in einer eigenen Monatsschrift das *Tagebuch eines Schriftstellers* weiterführen. Zunächst aber ist er erleichtert, im März 1874 die Redaktionstätigkeit beim »Bürger« aufgeben zu können. Er braucht Freiraum für seinen nächsten Roman, dessen Ideen ihn schon bedrängen. Im Mai kann er sich endlich nach Staraja Russa zu ungestörter Arbeit zurückziehen.

Dostojewskij, dem die eigene Jugend immer nah geblieben ist, hat von jeher ein großes Interesse an Kindern und Jugendlichen. Ihn beschäftigt nun besonders die Frage nach ihrer Lebensorientierung in einer Gesellschaft, die von sozialen Auflösungstendenzen und der radikalen Infragestellung ehemals verbindlicher Werte gezeichnet ist. In der um die Netschajew-Affäre und die *Dämonen* entfachten Diskussion hat er unter anderem auch auf die Rolle der Väter dieser Generation hingewiesen. Ihre eigene vorausgegangene Lösung von den Werten ihrer Herkunft und Geschichte stand am Anfang der Entwicklung, die nun zur alarmierenden Radikalisierung der jüngeren Generation geführt hat. Was kann man von einer Jugend erwarten, deren Väter sich selbst hochmütig vom eigenen Volk und seinem Glauben abgewendet haben, um den Idealen eines Europas nachzulaufen, das *»Christus längst verloren«* hat?[141] Aber stimmt das, was für die junge Generation der sechziger Jahre galt, noch für die der siebziger Jahre? Die Frage nach der Beziehung zwischen Vätern und Söhnen, die Dostojewskij in den *Dämonen* sehr pessimistisch beantwortet hat, findet im nun entstehenden Roman *Der Jüngling* (*Podrostok*, 1875, auch unter dem Titel *Werdejahre* bekannt) eine neue, hellere Gestalt.

Dostojewskij beabsichtigt, den Plan des neuen Romans in Bad Ems auszuarbeiten, wohin er im Sommer zur Behandlung eines neu aufgetretenen Lungenleidens fährt. Aber die Arbeit geht nicht nach Wunsch vonstatten. In Briefen an Anna klagt er darüber: *»Anja, meine Arbeit kommt langsam vom Fleck, und ich quäle mich mit dem Plan. Die Fülle des Planes – das ist der Hauptmangel. Als ich ihn im Ganzen überschaute, merkte ich, dass sich in ihm vier Romane verknüpften.«*[142] Dieser Selbsteinschätzung haben auch nach dem Abschluss des Werkes die Kritiker im Wesentlichen zugestimmt und den Roman sein kompositorisch schwächstes Werk genannt. Dennoch findet sich auch hier wieder eine Fülle von Personen, Dialogen, Szenen und Gedanken, die dem Leser so lebendig und eindrucksvoll entgegentreten, dass er diese Bewertung vergisst.

[141] *Tagebuch*, Jg. 1880, S. 512, 543

[142] Ges. Briefe, S. 433 (an A. G. Dostojewskaja, Ems, Montag, 24. Juni/6. Juli 1874)

In der Mitte der Handlung steht der zwanzigjährige Arkadi Dolgoruki, der als Chronist die verwirrenden und bedeutsamen Ereignisse aufzeichnet, die innerhalb eines kurzen Zeitraums seinen Übergang vom Jünglings- zum Erwachsenenalter begleitet und beschleunigt haben. Dieser Übergangsprozess mit seinen Phasen des Überschwangs und der Verschlossenheit, dem Wechsel von Hochherzigkeit und Anfällen von Gemeinheit, der schließlich zu einer neuen Stufe innerer Festigkeit und Klarheit führt, ist eines der Themen des Romans. Deshalb wählte eine ältere Übersetzung auch den Titel *Ein Werdender*.

Arkadi ist das Kind einer *»zufälligen Familie«*. Die blutjunge Sonja, eine ehemalige Leibeigene und Frau des viel älteren Makar, wurde von ihrem verwitweten Gutsherrn Wersilow verführt. Wersilow repräsentiert die hochkultivierte führende Schicht der europazugewandten Aristokratie, während Makar für das alte, bäuerliche »heilige Russland« steht und eine innige Frömmigkeit lebt. Makar verzeiht Wersilow und Sonja und überlässt seine Frau dem Gutsherrn. Aus dieser Beziehung sind Arkadi und seine jüngere Schwester Lisa hervorgegangen.

Arkadi wird bald nach der Geburt weggegeben. Er erlebt eine schwere Jugend im Pensionat, wo er seiner Herkunft wegen früh die Verachtung der wohlgeborenen Kameraden zu spüren bekommt. Daher wird es sein Lebensziel, später ein *»Rothschild«* zu werden, nicht um Reichtum zu genießen, sondern um Macht auszuüben.

Die Ereignisse der eigentlichen Handlung setzen damit ein, dass Arkadi nach Petersburg gerufen wird und nun seine Eltern, die er vorher kaum sah, kennen lernt. Auf der Suche nach dem eigenen Standort sind die Auseinandersetzungen mit dem Vater höchst bedeutsam, mit dem den Sohn eine zwischen heftiger Ablehnung und höchster Bewunderung schwankende Beziehung verbindet. Wersilows zwiespältiger Charakter, seine widersprüchliche Verhaltensweise und seine Gedankenwelt werden so eindringlich dargestellt, dass er neben Arkadi als zweite Hauptperson erscheint.

Arkadi hat nach manchen inneren Kämpfen mit wechselndem Ausgang den Versuchungen zu Zügellosigkeit, Machtmissbrauch und Gemeinheit widerstehen können. Er hat zu einer positiven Beziehung zu seinen so ungleichen Eltern gefunden und sich nicht von seinen Wurzeln losgesagt. Man kann hoffen, dass er und mit ihm eine ganze neue Generation auf seinem weiteren Weg zu einer zukunftsweisenden Synthese beider Welten und ihrer Werte gelangen wird, der westlichen und der östlichen.

Dostojewskij plante, auch diesen Roman wie seine vorhergehenden im »Russischen Boten« erscheinen zu lassen. Aber diesmal kann ihm Katkow, der Redakteur, nicht den benötigten Vorschuss geben, da er schon mit Tolstoi einen Vertrag über dessen neuen Roman »Anna Karenina« ausgehandelt hat und über keine weiteren finanziellen Möglichkeiten verfügt. Da bietet Nekrasow an, den Roman in seinen »Vaterländischen Annalen« (Otetschestwennye sapiski) zu veröffentlichen. Während der »Russische Bote« eine konservative Zeitschrift ist, stehen die »Vaterländischen Annalen« weit links und haben die »Wremja« und die »Epocha« der Brüder Dostojewskij immer wieder scharf angegriffen. Dessen ungeachtet geht Dostojewskij auf das Angebot ein. Der Grund dafür ist vor allem sein Wunsch, Nekrasow, der mit seiner Begeisterung für Dostojewskijs Erstling *Arme Leute* so ermutigend am Beginn seiner literarischen Laufbahn gestanden hat, wieder näher zu kommen. So erscheint *Der Jüngling* von Januar bis Dezember 1875 in den »Vaterländischen Annalen«. Diese überparteiliche Souveränität kostet Dostojewskij aber die Nähe der langjährigen Freunde Strachow und Maikow, die sich nun zurückziehen.

Im Gespräch mit der Nation: »Tagebuch eines Schriftstellers«

Mittlerweile hat sich Dostojewskijs Familie vergrößert: Seit dem 10. August 1875 vervollständigt der kleine Aljoscha den Geschwisterkreis. Dostojewskij ist noch immer ein sehr liebevoller und besorgter Vater, der mit seinem ganzen leidenschaftlichen Herzen an den Kindern hängt. In seinen Taschen steckt immer eine kleine süße Überraschung für die Kinder. Zu den Erinnerungsstücken im St. Petersburger Dostojewskij-Museum gehören auch die kleinen Zettelchen mit großer krakeliger Kinderschrift, die sie dem Vater zuschoben, um ihm etwas Süßes zu entlocken. Der Vater hat diese kindlichen Korrespondenzen nicht weggeworfen, sondern gerührt unter seinen Papieren und zwischen Buchseiten aufbewahrt. In seinem strengen Tagesrhythmus haben die Kinder ihren festen Platz. Nach dem gemeinsamen Mittagessen, das erst gegen fünf Uhr nachmittags eingenommen wird, liest Dostojewskij ihnen vor. In Staraja Russa besorgt er eine kleine Drehorgel, zu deren Klängen er mit ihnen tanzt. Abends betet er mit ihnen und segnet sie zur Nacht.

In seinen zahlreichen Briefen an Anna spielen die Kinder, die er immer wieder ihrer Fürsorge anbefiehlt, eine wichtige Rolle. Häufig berichtet er von quälenden Alpträumen, in denen er miterlebt, wie ihnen ein Unglück zustößt. Aber auch das Ergehen von Kindern außerhalb der Familie liegt ihm in besonderer Weise am Herzen. Berichte über Kindesmisshandlungen treffen ihn tief. In den *Brüdern Karamasow* sind Iwans gewichtigste Argumente gegen die *»Harmonie der göttlichen Weltordnung«* die Leiden der kleinen Kinder.[143] Die Beispiele, die Iwan nennt, sind zeitgenössischen Prozessberichten entnommen, die Dostojewskij selbst besonders empören. Dostojewskij gehört im damaligen Russland zu den wenigen, die auch öffentlich ihre Stimme für die Würde der Kinder erheben, die er durch das Verhalten der Gerichte häufig missachtet sieht. Solche und andere Vorfälle geben ihm Anlass zu engagierten Kommentaren, als er das Gespräch mit dem Publikum wieder aufnimmt, das er mit seinem Ausscheiden aus der Redaktion des »Bürgers« unterbrochen hat.

Im Januar 1876 erscheint von neuem sein *Tagebuch eines Schriftstellers*, das er nun als selbständige, wie vordem von ihm allein verfasste Monatsschrift zwei Jahre lang herausgibt.

Breiten Raum findet auch hier das Thema, das Dostojewskij seit dem Beginn seiner inneren Umwandlung im sibirischen Straflager bis zum Ende seines Lebens besonders auf dem Herzen liegt: die notwendige Umkehr der Gebildeten zum Volk, das weder hochmütige Abkehr verdient noch die Belehrungen der Gebildeten braucht. Das Volk könne von den Intellektuellen nichts lernen, die selbst durch so viele Götzen und Vorurteile bestimmt seien. Er schreibt das in einer Zeit, in der eine große Anzahl von Studenten »unters Volk« geht, um die Bauern zu unterrichten und ihnen ihre Ideen von der zukünftigen Rolle der Dorfgemeinschaft nahe zu bringen. Es sind dies die »Narodniki«, die »Volkstümler«, die auf dem Weg zum

[143] *Brüder Karamasow*, S. 385ff

Sozialismus die bäuerliche Dorfgemeinschaft als eine Alternative zum Umweg über die Industrialisierung des Landes und ein revolutionäres Industrieproletariat sehen. Überall, wo er auf das russische Volk zu sprechen kommt, so auch in den Artikeln des *Tagebuchs*, zeigt sich als letzter Grund seiner besonderen Achtung und Liebe die tiefe Überzeugung, dass in diesem Volk trotz mancher Sittenverderbnis *»das Bild Christi rein und unverfälscht«* in den Herzen bewahrt worden sei. Man dürfe ein Volk nicht nach seinem Tun, sondern müsse es nach seinen Idealen beurteilen. Das russische Volk sündige zwar, aber es wisse, dass es sündige und habe die Maßstäbe für Recht und Unrecht nicht verrückt.[144] Immer wieder weist er darauf hin, dass eine bessere Ordnung im menschlichen Zusammenleben nicht durch Unterdrückung und Unfreiheit zu erreichen sei. Immer wieder attackiert er in diesem Zusammenhang den französischen Sozialismus, der ihm in seinem damaligen Anspruch Inbegriff dieses Versuchs war. Er wird nicht müde, darauf hinzuweisen, dass Bruderschaft des Teilens nicht zu erzwingen sei, sondern nur aus brüderlichen Herzen erwachsen könne, sonst werde eine Umgestaltung der Gesellschaft mit *»Strömen von Blut«*[145] einhergehen. Nach westlicher Ansicht komme das Böse aus der verkehrten Ordnung der Gesellschaft; deshalb sei auch der Einzelne dafür nicht verantwortlich zu machen. In der Sicht des Ostens komme es aus der Seele des Menschen, weshalb aus einer nur in ihrer Struktur veränderten Gesellschaft kein neuer Mensch erstehen könne.

Die Verbesserung der Gesellschaft ist also nicht organisierbar: Sie ist auch nicht durch bloße Belehrung zu erreichen. *»Bevor ihr den Menschen predigt, wie sie sein sollen, zeigt es ihnen an euch selbst. . . . Erfülle zuerst selbst, statt dass du andere zwingst: Das ist das ganze Geheimnis dieses ersten Schrittes.«*[146]

Widerspruchsvoll sind seine Erwartungen für die Zukunft: Er ahnt katastrophale, das Angesicht der Erde verändernde Umwälzungen voraus und erwartet sie noch zum Ende seines Jahrhunderts, dann wieder zeigt er sich überraschend optimistisch und glaubt *»schrankenlos an die zukünftigen, schon heraufkommenden Men-*

[144] *Tagebuch*, Jg. 1876, S. 136
[145] ebd., Jg. 1880, S. 542; *Brüder Karamasow*, S. 520
[146] Tagebuch, Jg. 1877, Febr., S. 337

schen«[147], von denen er sagt: *»Glaubt mir, wenn sie endlich den wahren Weg finden und ihn betreten, so werden sie alle nach sich ziehen, und nicht gezwungen, sondern freiwillig wird man ihnen folgen.«*

Dostojewskij ist zutiefst überzeugt von der besonderen Sendung des slawischen – und an seiner Spitze des russischen – Menschen. Sein Genie besteht in Dostojewskijs Augen in seiner Brüderlichkeit und in seiner Nähe zu allen. Und wenn er sich an die Spitze der Nationen setzen soll, dann um *»der Menschheit das neue Wort zu sagen«*[148], um allen zu dienen und zu brüderlicher Allvereinigung zu führen.

Weiter finden sich im breiten Spektrum der Themen Betrachtungen zu Protestantismus und Katholizismus[149], Nachrufe auf George Sand[150] und Nekrasow[151], Besprechungen von Tolstois neuestem Roman »Anna Karenina«[152], Reflexionen über den *»kriegerischen Geist der Deutschen«*[153], Gedanken zum Tierschutz[154], zum Spiritismus[155] – zu jener Zeit waren spiritistische Sitzungen geradezu Mode –, zum Phänomen zunehmender Selbstmorde unter Jugendlichen[156]. Gerade die Beschäftigung mit letzterem Thema bringt ihm eine besondere Fülle von Leserbriefen ein.

Inzwischen nimmt man in Russland großen Anteil an der Erhebung der Bulgaren gegen die türkische Staatsmacht, die sie als orthodoxe Untertanen unterdrückt hat. Dostojewskij gehört zur Gruppe derer, die auf ein militärisches Eingreifen des Zaren zugunsten der *»slawischen Brüder«* hofft. Als Russland am 24. April 1877 der Türkei den Krieg erklärt, eilt Dostojewskij spontan in die Kasansche Kathedrale, wo Anna ihn in einer dunklen Ecke ins Gebet vertieft findet. Diese Kriegserklärung wird allgemein von einer Woge der Begeisterung getragen. Auch Dostojewskij sieht hier nur hochherzigen Beistand für die unterdrückten Glaubensbrüder, und die

[147] ebd., Jg. 1877, Febr., S. 336
[148] ebd., Jg. 1877, Juli/Aug., S. 387 und Jg. 1880, Puschkinrede, S. 504f
[149] ebd., Jg. 1877, Jan., S. 289-292 und Juli, S. 354
[150] ebd., Jg. 1876, Juni, S. 197ff
[151] ebd., Jg. 1877, Dez., S. 441ff
[152] ebd., Jg. 1877, Juli/Aug., S. 383f
[153] ebd., Jg. 1876, Juli/Aug., S. 235ff
[154] ebd., Jg. 1876, Jan., S. 111ff
[155] ebd., Jg. 1876, Jan., S. 121f
[156] ebd., Jg. 1876, Okt., S. 251ff

allgemeine Spendenfreudigkeit und der Andrang vieler Freiwilliger ist ihm ein Zeichen für das gesunde *»echt russische«* Empfinden des Volkes. In dieser Frage steht er in völligem Gegensatz zu Tolstoi, der in »Anna Karenina« seinen Helden einen kompromisslosen Pazifismus vertreten lässt, den Dostojewskij in seiner Beschreibung dieses Werkes angreift.

Im *Tagebuch* hat Dostojewskij aber auch seine beiden letzten bedeutsamen Erzählungen veröffentlicht: *Die Sanfte* (*Krotkaja*, 1876) und *Der Traum eines lächerlichen Menschen* (*Son smeschnogo tscheloweka*, 1877).

Das *Tagebuch* trägt in sehr effektiver Weise zu Dostojewskijs Bekanntheit im ganzen Land bei. Es verkauft sich doppelt so gut wie seine Romane und bringt ihm eine Flut von Leserbriefen ein, in denen man sich auch mit ganz persönlichen, teilweise seelsorgerlichen Fragen an ihn wendet. Dostojewskij bemüht sich gewissenhaft, allen zu antworten. In vielen dieser Antwortschreiben fällt die deutlich missionarische und seelsorgerliche Tendenz auf. Wo es nur möglich ist, weist er auf die Bedeutung des Glaubens, die Beziehung zu Christus und auf das Evangelium hin.[157]

»Die Brüder Karamasow«

Ende 1877 kündigt Dostojewskij zur großen Enttäuschung seiner Leser eine Unterbrechung des *Tagebuchs* an. Der Grund für diesen Entschluss findet sich in einem Brief an den Freund Janowski vom

[157] Einige Beispiele aus den Ges. Briefen: An N.N., eine junge Malerin, Petersburg, 11. April 1880: *»Meine liebe, hochverehrte Katerina Fjodorowna, glauben Sie an Christus und seine Gebote? Wenn Sie an ihn glauben (oder wenigstens den festen Willen dazu haben), so geben Sie sich ihm vollständig hin – die Qualen Ihres Zwiespaltes werden dadurch stark gelindert, und Sie werden einen seelischen Ausweg finden; das ist aber die Hauptsache.«* (S. 480) An eine unbekannte Mutter, Petersburg, 27. März 1878: *»Ihr Kind ist jetzt drei Jahre alt, machen Sie es mit dem Evangelium bekannt, lehren Sie es an Gott glauben, und zwar streng nach der Überlieferung. Dies ist ein sine qua non; anders können Sie aus Ihrem Kinde keinen guten Menschen machen, sondern im besten Fall einen Dulder, und im schlimmsten Falle – einen gleichgültigen, fetten Menschen, was noch viel schlimmer ist. Etwas Besseres als Christus können Sie gar nicht erfinden, glauben Sie es mir . . .«* (S. 465)

Dezember desselben Jahres: *»In Kopf und Herz hat sich ein Roman festgesetzt und verlangt danach, formuliert zu werden.«*[158]

Dieser letzte Roman, *Die Brüder Karamasow* (*Bratja Karamasowy*), krönt als Quintessenz seiner Botschaft Dostojewskijs Lebenswerk. In ihm klingen noch einmal die entscheidenden Fragen an, deren Beantwortung in Dostojewskijs Augen schicksalhaft für die Zukunft seines ganzen Volkes ist: die Frage nach dem Dasein Gottes und der Bestimmung des Menschen und damit zusammenhängend nach dem Ziel des Lebens und der Welt, nach dem Leid der Unschuldigen, der Solidarität in der Schuld, nach deren Sühne und nach den Grenzen menschlicher Rechtsprechung.

Aber mitten in den Vorbereitungen und Überlegungen trifft Dostojewskij und seine Frau ein schwerer Schlag: Der kleine Aljoscha, an dem der Vater besonders hängt, stirbt innerhalb von zwei Stunden an plötzlich aufgetretenen Krämpfen, in denen sich die Erbschaft des väterlichen Leidens zeigt. Beide Eltern sind verzweifelt. In dieser Situation bittet Anna den befreundeten jungen Philosophen Wladimir Solowjow[159], ihren Mann zur schon lange geplanten Pilgerfahrt ins berühmte Kloster Optina Pustyn[160] zu bewegen, in dem auch der hochverehrte Starez Ambrosius lebt. Die Reise kommt zustande. Dostojewskij kehrt besänftigt und beruhigt zurück, und die empfangenen Eindrücke fließen ins Werk mit ein. Die Worte, die im Roman der Starez Sosima einer jungen Frau sagt, die über den Verlust ihres Söhnchens Aljoscha untröstlich ist, sind eben die Worte, die der Starez Ambrosius Dostojewskij für Anna mitgibt.

Wieder steht im Mittelpunkt des Romans eine Familie, vielmehr das, was von ihr übrig geblieben ist, denn der im *Jüngling* begonnene Prozess ihrer Auflösung ist weitergegangen: Der lasterhafte, lebensgierige und schlaue alte Karamasow ist Witwer. Seine beiden Ehefrauen gingen an seiner Seite zugrunde. Nun feiert er in aller Ungeniertheit seine Orgien mit Scharen liederlicher Frauen, die sich für kürzere oder längere Zeit auf seinem Landgut niederlassen. Seine drei Söhne, die aus beiden Ehen hervorgegangen sind, hat er ein-

[158] Ges. Briefe, S. 460 (an S.D. Janowski, Petersburg, 17. Dez. 1877)

[159] Wladimir S. Solowjew (1853-1900), bedeutender russischer Religionsphilosoph und Dichter. In Deutschland wurde besonders bekannt seine »Kurze Erzählung vom Antichrist«.

[160] Berühmte Einsiedelei südwestlich von Moskau im Gouvernement Kaluga

fach vergessen. Sie finden zufällig ihr Unterkommen bei Gönnern und Verwandten. Dazu gehört noch ein fallsüchtiger Lakai auf dem Gut, höchstwahrscheinlich ebenfalls ein Sohn des Alten, den dieser mit einer schwachsinnigen Herumtreiberin sozusagen aus Prahlerei mit seinem Laster nach einem Zechgelage zeugte.

Die kriminalistisch spannende Handlung des Romans entsteht aus der Beziehung dieser vier völlig unterschiedlichen erwachsenen Söhne zum Vater und zueinander. Anlass ihrer Begegnung beim Vater sind offene Erbfragen. Dmitri, der Älteste, eine heißblütige Natur, treibt in den offenen Konflikt mit dem Vater, der ihm seiner Ansicht nach nicht nur einen Teil scines Erbes vorenthält, sondern sich auch um die Gunst der von Dmitri leidenschaftlich umworbenen Gruschenka bemüht.

Iwan, der ältere Sohn aus der zweiten Ehe, ist der Typus des Intellektuellen, hinter dessen hochmütiger Verschlossenheit auch das Karamasowsche Blut brodelt. Er ist der eigentliche geistige Empörer, der Gott und Gottes Weltordnung nicht anerkennen kann, weil ihm die Glückseligkeit einer künftig sich offenbarenden Weltharmonie *»nicht ein einziges Tränlein eines kleinen gequälten Kindes wert ist«*[161].

Aljoscha, sein jüngerer Bruder, lebt als Einziger dieser Familie in lebendiger Verbindung zu einer ganz anderen, lichtvolleren Welt: Er ist Novize im Kloster des Ortes und Lieblingsschüler des dort lebenden Starez Sosima. In seiner offenen, hilfsbereit tätigen Art wird er von allen, auch Andersdenkenden, geliebt.

Smerdjakow schließlich verbirgt hinter seinem abstoßenden Lakaiengebaren und der unheimlichen Krankheit eine gute Beobachtungsgabe, psychologisches Gespür und beträchtliche Schlauheit und Scharfsinnigkeit, aber ohne jede Bindung an höhere Ziele. Er hat sich Iwan und seine agnostische Klugheit zum Vorbild erwählt.

Unter diese Brüder hat Dostojewskij Elemente seiner eigenen Persönlichkeit und Biographie aufgeteilt: Iwan bekam den tiefen Zweifel an Gott, die Betroffenheit durch das Leiden der Kinder, die Klugheit und Verschlossenheit, die zurückgehaltene Leidenschaftlichkeit, Dmitri teilte er das feurige Temperament und das Schicksal der Haft zu, Aljoscha die Gottbezogenheit und ebenfalls die Lie-

[161] *Brüder Karamasow*, S. 398

be zu Kindern, Smerdjakow die Epilepsie und die Verwirklichung praktischer Konsequenzen aus philosophischen Prämissen. Dem Vater schließlich hat er den eigenen Vornamen und den väterlichen Geiz gegeben.

Alle Brüder, Aljoscha ausgenommen, hassen ihren abstoßenden Vater, der den Sinn aller Vaterschaft pervertiert hat und nur sich und der Befriedigung seiner Wünsche lebt, ohne jede Verantwortung für die kommende Generation. Der Vater wird ermordet. Aller Verdacht fällt auf den Heißsporn Dmitri, der von den Geschworenen nach den scharfsinnigen, aber dennoch die Wahrheit verfehlenden Plädoyers von Staatsanwalt und Rechtsanwalt für schuldig befunden wird. Und doch hat nicht er die Bluttat vollbracht.

Beim Klären der Tat und ihrer Motive wird deutlich, dass nicht der Täter allein schuldig ist, sondern ebenso sehr, vielleicht noch mehr, derjenige, der die geistigen Voraussetzungen für die Tat schuf, Iwan. Es zeigt sich, dass in gewisser Weise alle Söhne ihren Teil an der Ermordung des Vaters tragen.

In der Mitte dieses auf starken Hell-Dunkel-Kontrasten aufgebauten Romans steht das Zusammentreffen der Welten Aljoschas und Iwans. Iwan, der inzwischen zu Aljoscha eine starke Zuneigung gefasst hat, erzählt ihm bei einem gemeinsamen Mittagessen das berühmte *»Poem vom Großinquisitor«*, als sie über die *»ewigen Fragen der Menschheit«*, die Fragen nach Gott und – für Dostojewskij unlösbar damit verbunden – der Unsterblichkeit der Seele diskutieren. In dieser legendenhaften Erzählung erscheint der Großinquisitor als Vertreter einer Kirche, die längst vom Geist Christi abgewichen ist und dessen leibhaftiges Erscheinen als Störung der eigenen Pläne ablehnt.

Dostojewskij hat den Gedanken, die ihn seit seiner Begegnung mit Belinski beschäftigen und umtreiben, ihre gültige dichterische Form und Tiefe gegeben. Der nach sozialistischen Prinzipien geordnete Staat, in dem das allgemeine Wohlergehen mit dem Verlust der Freiheit bezahlt wurde, wird erst dann das volle Glück bringen, wenn an der Spitze eine Macht steht, die neben den Bedürfnissen des Leibes auch die der Gewissen befriedigt, durch *»Wunder, Geheimnis und Autorität«*, für Dostojewskij das *»katholische Prinzip«*, das der Großinquisitor verkörpert.

Schon Dostojewskijs damalige Gesprächspartner, die sich mit

ihm über diese Passage des Romans austauschten, hofften, von ihm ebenso scharfsinnige Argumente für den Glauben an Gott zu hören. Weil diese Erwartung enttäuscht wird, sind auch spätere Literaturkritiker immer wieder der Meinung, dass Dostojewskij letztlich auf der Seite des Großinquisitors gestanden habe. Dostojewskij hat aber die folgenden Kapitel unter der Überschrift *»Ein russischer Mönch«*, die im Zeitablauf des Romans am Abend desselben Tages anzusiedeln sind, als Widerlegung des *»Großinquisitors«* verstanden[162]. Hier sollte daran erinnert werden, dass die glaubenden Gestalten in Dostojewskijs Werk nie philosophische Argumente für ihren Glauben anführen; sie diskutieren nicht, aber das Dasein dieser Personen, die in Verbindung mit der göttlichen Welt stehen, hat eine geheimnisvolle Kraft, die zuallererst das Herz berührt. Der Kuss Christi ist ein Zeichen der Liebe, das eine erste, kaum merkliche Erschütterung hervorruft. Aber der Großinquisitor entscheidet sich nicht für die Regung seines Herzens, sondern hält an seiner Idee fest. Einige Kapitel weiter sagt der überaus gescheite Teufel, den Iwan im Fieberanfall seiner beginnenden Krankheit sieht: *»Zudem helfen doch Beweise in Glaubensdingen niemals, besonders keine materiellen.«*[163]

Ein hilfreicher Hinweis auf Dostojewskijs Meinung zu Glaubensargumenten findet sich im Brief Dostojewskijs an einen Unbekannten, der ihm eben dieselben »ewigen Fragen« vorgetragen hatte: Während er an den Brüdern Karamasow arbeitet, schreibt Dostojewskij ihm: *»Einen Ungläubigen kann man am allerwenigsten durch Worte und Betrachtungen bekehren. . . . Wäre es nicht besser, wenn Sie möglichst aufmerksam alle Briefe des Apostels Paulus lesen würden? Ich empfehle Ihnen auch, die ganze Bibel in russischer*

[162] Kjetsaa zitiert einen Brief Dostojewskijs – ohne Angabe von Adressat und Datum (S. 415); laut Onaschs Dostojewskij-Biographie, S. 121, handelt es sich um einen Brief an Pobedonoszew: *»Ich hatte den Plan, dieser ketzerischen Komponente meines Werks im sechsten Buch unter dem Titel ›Ein russischer Mönch‹ etwas entgegenzusetzen. Jetzt befürchte ich, mein Gegenentwurf wird unzureichend sein, und dies umso mehr, als er die im ›Großinquisitor‹ und davor erhobenen Einwände nicht direkt Punkt für Punkt widerlegt, sondern nur indirekt beantwortet. Er zeigt sich in einer solchen Behauptungen diametral entgegengesetzten Weltanschauung, aber eben nicht Punkt für Punkt, sondern als künstlerisches Bild.«*

[163] *Brüder Karamasow*, S. 1038

Übersetzung zu lesen. Einen merkwürdigen Eindruck macht dieses Buch, wenn man es ganz durchliest.«[164]

Im Roman erscheint die andere, die göttliche Welt und ihre Lebensordnung in Aljoschas geistlichem Vater, dem Starez Sosima und seinen Lehren. Wie eine aufgehende Sonne tritt die helle, Liebe verströmende Gestalt des Starez dem Eindruck entgegen, den der düstere Großinquisitor hinterließ. In ihnen verkörpert sich Dostojewskijs Sicht von östlichem und westlichem Christentum – im hellen Starez der Osten, im düsteren Großinquisitor der Westen.

Seinen baldigen Tod vor Augen, gibt Sosima den um ihn versammelten Mönchen seine inneren Erfahrungen und Erkenntnisse als Vermächtnis weiter. Sie erscheinen im Roman als Aufzeichnungen Aljoschas, in denen er alle Aussprüche, Ermahnungen und autobiographischen Erzählungen Sosimas zusammenfasst. Wie Iwans *»Poem«* sind auch sie eine in sich abgeschlossene Einfügung in den Ablauf des Romans. Die Worte Sosimas machen einerseits Dostojewskijs Vertrautheit mit Gestalten aus der Mönchstradition deutlich, wie etwa Tichon von Sadonsk; andererseits stehen die Mönche von Optina Pustyn Dostojewskijs Mönchsideal distanziert gegenüber, denn der Dichter hat doch seine sehr eigenen Akzente gesetzt. In seinen Betrachtungen geht es Sosima darum, mit dem eigenen Leben das Wesen Christi in alle Bereiche menschlichen Lebens hineinzutragen. Sein Vorbild allein kann vor tödlichen Verirrungen retten. *»Auf Erden aber ist es wahrlich so, als irrten wir nur umher, und hätten wir nicht das teuerste Vorbild Christi, so würden wir uns gänzlich verirren und zugrunde gehen, wie das Menschengeschlecht vor der Sintflut.«*[165]

Zur rechten und glücklichen Ordnung dieses Lebens gehört es auch, sich in die Einheit der ganzen Schöpfung einzufügen und sie und das Geschenk des Lebens immer tiefer und umfassender zu lieben. Das Verhalten des Einzelnen, möge es noch so unbedeutend erscheinen, hat Auswirkungen auf das Ganze: *». . . denn alles ist wie ein Ozean, alles fließt und berührt sich, an einer Stelle rührst du es an und am anderen Ende der Welt wird es gespürt und hallt es wider.«*[166] Wer weiß, welchen unheilvollen Eindruck schon ein böses

[164] Ges. Briefe (an N.L. Osmidow, Petersburg, Febr. 1878), S. 462
[165] *Brüder Karamasow*, »Ein russischer Mönch«, S. 525
[166] ebd., S. 523

Gesicht im Vorbeigehen auf ein kleines Kind haben kann. Deshalb: *»in jeder Minute wache über dich und gib Acht, dass dein Antlitz Gott wohlgefällig sei«.*[167]

Die Ursünde des Menschen, sein Hochmut, zeigt sich in seiner Abspaltung vom Ganzen um seiner Selbstbehauptung willen. Und jede Schuld stößt wieder aus der allumfassenden Gemeinschaft aus, solange sie nicht bekannt und auf sich genommen wird. Aber auch in der Überheblichkeit des Richtens wird der Mensch an der brüderlichen Gemeinschaft schuldig. Gegen die Verzagtheit oder Überheblichkeit – beides eine Gefahr angesichts der vielen Sünden der Menschen – hilft nur, sich für diese mitverantwortlich zu machen.[168]

In Sosimas Erinnerungen finden sich auch wieder autobiographische Details aus Dostojewskijs eigener Vergangenheit, so die Erinnerungen an erste Gottesdienstbesuche mit der Mutter und der tiefe Eindruck, den damals die Lesung aus dem Buch Hiob auf ihn gemacht hat. Dostojewskijs große – man könnte geradezu sagen »evangelische« – Liebe zur Bibel spricht aus Sosimas tief ergriffenem oder begeistertem Zitieren einiger Geschichten und Abschnitte der Heiligen Schrift und ganz besonders aus dem Rat, den er den Priestern zur einfachen biblischen Unterweisung der Kinder gibt. Der Kern des Auftrages der Mönche aber ist es, *»das Bild Christi herrlich und unentstellt in der Reinheit der Gotteswahrheit zu bewahren«* und *»wenn es Not sein wird, werden sie es der erschütterten, schwankenden Wahrheit der Weltleute entgegenhalten«.*[169]

Sowohl der erwartete und friedliche Tod des geistlichen Vaters als auch der plötzliche und gewaltsame Tod des leiblichen Vaters führen die Söhne in die Krise. Für Aljoscha setzt sie gleich nach dem Tod des Starez ein. Nach seiner Aufbahrung führt die Tatsache des beginnenden Leichengeruchs zu einem Skandal: Man erwartete allgemein, dass sich Sosimas Heiligkeit im Ausbleiben dieser Erscheinung erweisen werde. Die Feinde, die Sosima wegen seiner größeren Freiheit gegenüber äußeren Vorschriften selbst im Kloster hatte, triumphieren. Kein rechtfertigendes Wunder greift zugunsten des Toten ein. Aljoscha, der seinen geistlichen Vater von Herzen

[167] ebd., S. 523
[168] ebd., S. 524
[169] ebd., S. 512

liebt, zweifelt an der göttlichen Gerechtigkeit. Aber stärker geworden, tiefer mit jener anderen Welt verbunden und um so inniger diese Erde liebend, geht er aus der Krise hervor, um seinen Brüdern auf ihren dunklen Wegen beizustehen. Noch vor seinem Tod hatte ihn der Starez dazu bestimmt, in die Welt zurückzugehen: *»Du wirst aus diesen Mauern herausgehen, in der Welt aber wirst du wie ein Mönch verbleiben . . . Viel Leid wird dir das Leben bringen, doch eben dadurch wirst du auch glücklich sein und wirst das Leben segnen und auch andere bewegen, es zu segnen – was von allem das Wichtigste ist.«*[170]

Neben den ihm innerlich aufgetragenen Botendiensten für seine Brüder ist Aljoscha einer Schar jüngerer Gymnasiasten nähergekommen, die sich ihm nun angeschlossen haben. Man spürt, dass die Verbundenheit mit ihm ihre besten Anlagen und die Liebe zum Guten fördert und gleichzeitig der schon spürbaren Verführung durch den Zeitgeist entgegenwirkt, dem *»die Erkenntnis des Lebens höher steht als das Leben«.*[171]

Der Roman schließt mit der kleinen begeisterten Rede, in der sich Aljoscha nach der Beerdigung ihres Kameraden an sie wendet und ihre ewige Verbundenheit im Streben nach dem Guten, in der Erinnerung an den kleinen Iljuscha und in der Hoffnung eines Wiedersehens nach der Auferstehung beschwört.

Am Ende des Romans bleiben die Fragen nach dem weiteren Schicksal der Brüder völlig offen. Dmitri, zu Unrecht verurteilt, soll bald verschickt werden und plant seine Flucht, Iwan ist schwer erkrankt – der Ausgang ist ungewiss –, Aljoscha wird die kleine Provinzstadt sehr bald verlassen. Dostojewskij hat beabsichtigt, eine Fortsetzung des Romans zu schreiben, die alle Gestalten zwanzig Jahre später wieder versammeln sollte. Dazu aber ist es nicht mehr gekommen.

Die Brüder Karamasow finden eine ungeheure Resonanz beim Publikum. In vielen Zuschriften erfährt Dostojewskij von der tiefen Bewegung seiner Leser, von Tränen und durchwachten Nächten bei der Lektüre.

[170] ebd., S. 465
[171] *Traum eines lächerlichen Menschen*, in: *Der Spieler*, S. 746

Die Puschkin-Rede

Noch während Dostojewskij an den *Brüdern Karamasow* arbeitet, tritt ein Ereignis ein, das ihn auf den letzten, ungeahnten Höhepunkt der allgemeinen Anerkennung und Begeisterung tragen wird: In Moskau plant man die feierliche Enthüllung des Denkmals von Alexander Puschkin. Eine Reihe der angesehensten Schriftsteller, darunter auch Turgenjew und Dostojewskij, werden um Reden zu diesem bedeutsamen Anlass gebeten. Es soll eine glanzvolle Veranstaltung werden. Ganz Moskau sieht dem Ereignis voll gespannter Erwartung entgegen; dabci ist die Aussicht auf die Rededuelle zwischen Westlern und Slawophilen von besonderem Interesse.

Dostojewskij nimmt die Einladung gerne an, gibt sie ihm doch die Gelegenheit, vor einem großen und einflussreichen Publikum *»sein Wort«* über Puschkin zu sagen, den Dichter, den er zeit seines Lebens tief verehrt hat und dessen Gedichte er an literarischen Abenden häufig vorträgt. Eine besondere Herausforderung liegt für ihn auch darin, sich gleichzeitig mit Turgenjew, seinem langjährigen Gegner und Rivalen, dieser Aufgabe zu stellen. Zur sorgfältigen Vorbereitung seiner Rede zieht er sich einige Tage in die Ruhe von Staraja Russa zurück. Am 22. Mai bricht er nach Moskau auf.

Die Feierlichkeiten, die ursprünglich am 26. Mai 1880, dem Geburtstag Puschkins, stattfinden sollen, werden wegen eines Todesfalles in der Zarenfamilie auf Juni verschoben. Während dieser Wartezeit hat Dostojewskij immer wieder Gelegenheit zu erfahren, wie sehr man ihn schätzt und verehrt. Was aber am 8. Juni 1880 geschieht, als Dostojewskij seine berühmt gewordene Puschkin-Rede im brechend vollen Moskauer Adelspalast vorträgt, das ist aus der Distanz schwer nachzuvollziehen. Allen Berichten nach scheint es, als habe eine Massenhysterie das ganze Publikum ergriffen: Eine lange Zeit ist alles tosender, unaufhörlicher Beifall, dann stürmen die Zuhörer auf das Podium, es gibt Küsse, Tränen, Umarmungen, Begeisterungstumulte und Ohnmachtsanfälle – an eine Fortsetzung des Vormittagsprogramms ist nicht zu denken.

In seiner Rede interpretiert Dostojewskij Puschkins Werk auf recht eigenwillige Weise. Der große Dichter wird ihm zum Verkünder seiner, Dostojewskijs, eigenen Botschaft an den russischen Menschen. In Fortführung eines Gedankens von Gogol sieht er den russischen Genius schlechthin in Puschkins Schaffen verkörpert. Seine Ausführungen gipfeln in der Perspektive, *»dass ein echter Russe sein nichts anderes bedeutet, als sich bemühen, die europäischen Widersprüche in sich endgültig zu versöhnen, der europäischen Sehnsucht in der russischen allmenschlichen und allvereinenden Seele den Ausweg zu zeigen, in dieser Seele sie alle in brüderlicher Liebe aufzunehmen und so vielleicht das letzte Wort der großen, allgemeinen Harmonie, des brüderlichen Einvernehmens aller Völker nach dem evangelischen Gesetz Christi auszusprechen.«*[172] Schließlich wendet er sich an die Westler und die Slawophilen: *»Oh, unsere ganze Spaltung in Slawophile und Westler ist ja nichts als ein einziges großes Missverständnis, wenn auch ein historisch notwendiges. Einem echten Russen ist Europa und das Geschick der ganzen großen arischen Rasse ebenso teuer wie Russland selbst, wie das Geschick des eigenen Landes, eben weil unsere Bestimmung die Verwirklichung der Einheitsidee auf Erden ist, und zwar nicht einer durch das Schwert errungenen, sondern durch die Macht der brüderlichen Liebe und unseres brüderlichen Strebens zur Wiedervereinigung der Menschen verwirklichten Einheit.«*[173]

Hier zeigt sich, wie tief Dostojewskij nationalen Werten des 19. Jahrhunderts verhaftet ist. Doch darf nicht übersehen werden, dass seine Vorstellung von nationaler Überlegenheit nach dem Muster gebildet ist: »Wer euer Meister sein will, der sei euer aller Diener.«[174] Und was die Begeisterung seiner Zuhörer anbelangt: Vielleicht trifft in diesem zerstrittenen Klima, in dieser Zerspaltenheit in gegnerische Lager, in der Atmosphäre gegenseitiger Anschuldigungen, Anfeindungen und Herabsetzungen, in dieser aufgeregten, angespannten Zeit, in der es unterirdisch schon überall unheimlich grollt, die Vision allumfassender brüderlicher Einheit den Nerv der tiefsten Wünsche und Hoffnungen.

Die rauschhafte Begeisterung für Dostojewskijs Rede anlässlich der Puschkin-Feier kann nicht andauern. Als man wieder nüchtern geworden ist und die Rede gedruckt vorliegt, setzt von allen Seiten

[172] Puschkin, eine Skizze (Rede am 8. Juni 1880), in: *Tagebuch*, Jg. 1880, S. 505
[173] ebd., S. 504
[174] Matthäus 20,26

heftige Kritik ein. Alle, die sich haben mitreißen lassen, finden wieder zu ihren vorherigen Positionen zurück, und ihre Reaktion danach ist umso schärfer. Zu ihnen gehört als prominentester Vertreter Turgenjew, der Dostojewskij im großen Versöhnungsrausch auch umarmt hat. Wie zu Beginn seines literarischen Ruhms, als auf den spektakulären Erfolg von *Arme Leute* die abfälligen Kritiken der späteren Werke folgten, so schwingt auch jetzt das Pendel wieder in die Gegenrichtung.

Die harten Angriffe, denen er sich nach seiner Rückkehr nach Staraja Russa ausgesetzt sieht, verbittern und bedrücken ihn tief; nun suchen ihn auch die epileptischen Anfälle heim, die ihn gegen alle Befürchtungen in Moskau verschont haben. Er beschließt nun seinerseits, in der einzigen Ausgabe des *Tagebuchs* von 1880 zusammen mit seiner Puschkin-Rede eine Erwiderung auf die Kritik des liberalen Staatswissenschaftlers Gradowski zu veröffentlichen, der nach Dostojewskijs Meinung der Einzige einer Antwort würdige Gegner ist.

Was ist wichtiger: eine kollektive Änderung der Strukturen oder die persönliche Vervollkommnung des Einzelnen im Geist der Nachfolge Christi? Der Notwendigkeit einer Aufklärung des ungebildeten Volkes im westlichen Sinn, die Gradowski vertritt, stellt Dostojewskij die *»wahre Aufklärung der Herzen durch Christus«*[175] gegenüber, den das christlich erzogene Volk noch in sich trage. Dass technisches Können und naturwissenschaftliche Erkenntnis aus Europa importiert werden müssen, gibt er gerne zu. Nur haben diese technischen westlichen Errungenschaften für die Gesellschaft keine Sinn gebende Kraft.

Die Beharrlichkeit, mit der Dostojewskij trotz beleidigender Angriffe, die seine Empfindlichkeit treffen, nicht müde wird, in aller Öffentlichkeit vor dem Verhängnis gesellschaftlicher Entwicklungen ohne *»das Bild Christi im Herzen«* zu warnen, bleibt beeindruckend. Er ist darin zu einer wahrhaft prophetischen Gestalt in der Gesellschaft seiner Zeit geworden.

[175] *Tagebuch*, Jg. 1880, S. 510ff

Prophet auf Soireen

Seit der Rückkehr aus dem Ausland ist Dostojewskijs Ansehen als Schriftsteller vor allem dank der Erfolge des *Tagebuchs* und der *Brüder Karamasow* ständig gewachsen. Eine Reihe von Ehrungen festigt nun seinen Rang als einer der führenden Schriftsteller Russlands. Er wird »korrespondierendes Mitglied der Akademie der Wissenschaften« und Vizepräsident der Slawischen Wohltätigkeitsgesellschaft in Petersburg; der Internationale Literatur-Kongress in London wählt ihn zum Ehrenmitglied des Komitees, eine Ehre, die er als Vertreter der russischen Literatur mit Tolstoi und Turgenjew teilt.

Als berühmter Autor wird er häufig um Lesungen bei literarischen Abenden gebeten, die verschiedene, meist wohltätige Organisationen veranstalten. Dieser Bitte kommt Dostojewskij selbst bei Arbeitsüberlastung und trotz gesundheitlicher Einschränkungen nach. Er liest gerne. Obwohl er eine eher leise, etwas heisere Stimme hatte, muss sein Vortrag sehr eindrucksvoll gewesen sein. Ein gewisser Professor Wengerow berichtet darüber:

»Außer Saltykow lasen alle gut, aber sie lasen eben nur vor. Dostojewskij dagegen wirkte im vollen Sinn des Wortes wie ein Prophet. Mit leiser, aber vollkommen deutlicher und unsagbar ergreifender Stimme trug er eines der bedeutendsten Kapitel aus den ›Brüdern Karamasow‹ vor. . . . Noch nie habe ich eine so tiefe seelische Ergriffenheit einer tausendköpfigen Menge durch die Worte eines einzelnen Menschen erlebt.«[176] Ein Gedicht, für dessen Vortrag er berühmt ist und um das er häufig gebeten wird, ist »Der Prophet« von Puschkin. Die Zuhörer erleben die eher kleine, leicht gebeugte Gestalt mit dem krankhaft blassen, nervösen Gesicht und dem langen, schütteren Bart selbst wie eine Erscheinung von Puschkins »Prophet«, der »mit seinem Wort die Herzen der Menschen verbrennt«.

Er ist nun auch häufiger in der Petersburger Gesellschaft zu sehen. Zu seinen Bekannten gehören zuletzt, neben Gastgebern führender Salons, einige Persönlichkeiten aus dem Umfeld des Hofes.

[176] Zenta Maurina, S. 144

Pobedonoszew, ein Mann, der als Oberprokuror des Heiligen Synod[177] das höchste Vertrauen des Zaren besitzt und Dostojewskij freundschaftlich verbunden ist, vermittelt ihm die Bekanntschaft der jungen Zarensöhne Sergei und Pawel, denen er Exemplare des *Tagebuchs* und der späteren Romane überreicht und die ihm bis zu seinem Tode zugetan bleiben. Auch im prunkvollen Anitschkow-Palast, der Residenz des Thronfolgers und seiner Gemahlin, ist er gelegentlich zu Gast. Eine Audienz beim Zaren ist schon geplant, aber diese Begegnung kommt nicht mehr zustande.

Obwohl ihm nun die Welt des Hofes nicht unbekannt ist, hält er es für überflüssig – und es ist ihm oft auch nicht möglich –, sich den gesellschaftlichen Umgangsformen anzupassen. Zwischen wortlos-düsterer Verschlossenheit, bissiger Gereiztheit und inspirierten Monologen wechselnd, bleibt er bei größeren Gesellschaften für jeden Gastgeber eine Art faszinierendes Risiko: Die Gäste müssen auf unerwartete Ausfälle und Brüskierungen gefasst sein. Einer Dame, die sich nach seiner Gesundheit erkundigt, kann er hinwerfen: *»Was interessiert Sie das? Sie sind kein Arzt, soviel ich weiß.«*[178]

Viele seiner Eigenarten, die in der Begegnung mit ihm befremden und verletzen können, rühren von seinem Leiden her oder werden dadurch verstärkt. Dostojewskij ist ein schwer kranker Mann, der zugleich, nach seinen eigenen Worten, die *»Zähigkeit einer Katze«* besitzt. Man wirft ihm Hochmut und Mangel an Höflichkeit vor, wenn er Bekannte auf der Straße nicht grüßt oder sich an Gesichter und Namen nicht erinnert. Er leidet aber nach seinen Anfällen an schweren Gedächtnisstörungen, die ihn bis in seine Arbeit hinein behindern, denn auch da entschwinden ihm Namen und Wesen seiner Gestalten. Deshalb pflegt er in sehr ausführlichen Notizen seine Romanideen und die Charaktereigenschaften seiner Helden festzuhalten. Ebenso ist seine übermäßige Reizbarkeit – auch sie nach vorangegangenen Anfällen ins Unerträgliche gesteigert – Folge einer extrem sensiblen, nervösen Konstitution, die schon in seiner

[177] Oberprokuror, der weltliche Vorsitzende des Hl. Synod, der obersten Behörde der russischen Kirche, die von Peter d. Gr. anstelle des Patriarchats eingesetzt worden war

[178] in: »Dostoëvski vivant«, Paris 1972, S. 446, Erinnerungen von E.A. Stakenschneider

Kindheit zu krankhaften Erscheinungen geführt hat und nun durch seine ständige Überarbeitung weit über das Maß belastet ist.

Dostojewskij verabscheut das konventionelle oberflächliche Geplauder mit Unbekannten im großen Kreis. Er zieht es vor, sich mit Einzelnen, manchmal für die Dauer eines ganzen Abends, in ein intensives Gespräch zu vertiefen. Die andere Möglichkeit, bei der er auflebt, besteht darin, dass er vor einer interessierten Zuhörerschaft seinen Gedanken freien Lauf lassen kann. Wenn er mit leiser, eindringlicher Stimme über das, was ihm auf dem Herzen liegt, zu reden beginnt und sein inneres Feuer ihn immer leidenschaftlicher mit sich fortreißt, kann sich niemand dem außergewöhnlichen Eindruck seiner Persönlichkeit entziehen.

Eine besondere Freude aber ist für ihn, dass ein großer Teil der Studentenschaft ihn verehrt und auf ihn hört. Immer wieder bekommt er Freikarten für Bälle und Musikabende in der Universität. Wenn irgend möglich, kommt er diesen Einladungen und Bitten um Lesungen nach. Der Lorbeerkranz, den sie ihm nach einem solchen Abend überreichen, freut ihn um so tiefer, als er der Jugend gegenüber stets jede billige Schmeichelei vermieden hat. Nun erlebt er, dass sich mitten im festlichen und ausgelassenen Gewoge eines Balls um ihn eine Insel der Aufmerksamkeit bildet, weil einige junge Leute ihn gebeten haben, er möge zu ihnen über Christus sprechen.

Abschied

Die Sommertage und der beginnende Herbst in Staraja Russa sind herrlich. Aber Dostojewskij gönnt sich noch keine Pause. Die Nachwehen der Puschkin-Rede waren bitter und haben ihn erschöpft. Dennoch setzt er sich nach der Herausgabe des *Tagebuchs* sofort wieder an die *Brüder Karamasow*, die er unbedingt im Herbst zu Ende bringen will.

Endlich, am 8. November, ist die große Arbeit, die ihn drei Jahre lang beschäftigt hat, zu Ende gebracht. Die Lebensgeister erwachen wieder und mit ihnen neue Pläne. Dem Redakteur des »Russischen Boten« schreibt er im Begleitbrief, den er dem Epilog der *Brüder Karamasow* beifügt: *»Sie erlauben, dass ich mich von Ihnen noch* *nicht verabschiede. Denn ich habe vor, noch 20 Jahre zu leben und zu schreiben. Bereiten Sie also noch nicht den Leichenschmaus vor.«*[179] Was er sich als literarische Projekte unter der Überschrift *»Memento für das ganze Leben«* am 24. Dezember vor drei Jahren vorgenommen hat, ist noch nicht einmal begonnen:

»1. Den russischen Candide[180] *schreiben*

2. Ein Buch über Jesus Christus schreiben

3. Meine Erinnerungen schreiben

4. Ein Poem, die Sorokovins[181], *schreiben.«*

Das Jahr 1881 beginnt erfreulich: Nun sind tatsächlich alle Schulden abbezahlt, zum ersten Mal liegt Geld beim »Russischen Boten«, das nicht für laufende Verpflichtungen verwendet werden muss. Dostojewskij fühlt sich wohl, seit drei Monaten hat er keine epileptischen Anfälle mehr gehabt. Er beabsichtigt, zwei Jahre lang sein *Tagebuch* wieder herauszugeben und danach eine Fortsetzung der *Brüder Karamasow* zu schreiben. Er hat zugesagt, bei der geplanten Liebhaberaufführung eines Theaterstücks mitzuwirken und ist wieder um seine Teilnahme an literarischen Leseabenden gebeten worden. Aber um seine Gesundheit steht es trotz seines subjektiven Wohlbefindens schlecht. Sein Lungenemphysem – Grund für seine Aufenthalte in Bad Ems – hat sich vergrößert, er leidet unter Atemnot und kann nur mit großer Mühe und sehr langsam Treppen steigen, allein zum Ausziehen braucht er zehn Minuten. Schon lange haben ihm die Ärzte geraten, sich zu schonen und Aufregungen zu meiden. Aber das würde für ihn einem Verbot zu leben und zu schreiben gleichkommen.

Dennoch kommt das Ende unerwartet. In der Nacht vom 25. auf den 26. Januar hat er einen ersten, noch schwachen Blutsturz, dem er weiter keine Beachtung schenkt. Am folgenden Tag ist die Moskauer Schwester Dostojewskijs zu Gast, die die Sprache auf strittige Erbfragen bringt. Dostojewskij verlässt sehr erregt den Raum und hat in seinem Arbeitszimmer einen zweiten Blutsturz, dem bei der späteren ärztlichen Untersuchung ein weiterer folgt, der so hef-

[179] Ges. Briefe, S. 506 (an N.A. Ljubimow, Petersburg, 8. Nov. 1880)

[180] Philosophischer Roman von Voltaire, »Candide ou l'optimisme«

[181] »Die Sorokovins«: sorok = vierzig; Totengedenkfeier, die 40 Tage nach der Beerdigung stattfindet.

tig ist, dass Dostojewskij das Bewusstsein verliert. Als er am Abend wieder zu sich kommt, bittet er um den Priester. Er beichtet lange und kommuniziert. Danach segnet er die Kinder und Anna und bittet sie, das Gleichnis vom verlorenen Sohn vorzulesen, das er seinen Kindern als Vermächtnis hinterlässt. In der folgenden Nacht erholt er sich wieder, wacht guter Stimmung auf und ist sogar fähig, die Druckfahnen für das Januarheft des *Tagebuchs* zu korrigieren.

Inzwischen hat sich die Nachricht von seiner schweren Erkrankung verbreitet. Ein Besucherstrom setzt ein, für Dostojewskij, der nur flüsternd sprechen kann, Anstrengung und Freude zugleich. Die Ärzte zeigen sich zuversichtlich und beruhigen Anna und Dostojewskij. Aber am nächsten Morgen teilt Dostojewskij Anna mit, er liege schon lange wach und habe viel nachgedacht. Ihm sei nun klar geworden, dass er heute sterben werde. Er bittet sie, das Neue Testament – es ist dasselbe, das er von der Dekabristenfrau in Sibirien bekam – aufzuschlagen und vorzulesen, was sie findet. Sie schlägt den Bericht von der Taufe Jesu im Matthäusevangelium auf, ihr Blick fällt auf das Wort Jesu: »Lass es jetzt also geschehen«[182] – in der alten Übersetzung: »Halte mich nicht auf.« Dieses Wort nimmt Dostojewskij als Bestätigung für seinen bevorstehenden Aufbruch aus der Zeitlichkeit.

Bald darauf erfolgt der nächste Blutsturz. Im Laufe des Tages erscheinen wieder Freunde und Bekannte, die von Dostojewskij Abschied nehmen. Er scheint ganz ruhig und gefasst, nur der Gedanke, Frau und Kinder mittellos zurückzulassen, quält ihn. Schließlich hat er abends wieder einen Blutsturz, der sich nicht mehr stillen lässt. Die Freunde und Bekannten, die in einem Zimmer auf das Erscheinen des Arztes warten, dürfen nun eintreten, um in der Todesstunde bei ihm zu sein. Die Kinder sind an seinem Bett; Anna, die ihn keinen Augenblick verlassen hat, hält seine Hand. Dostojewskij liegt ganz ruhig und verliert allmählich das Bewusstsein. Kurz nach halb neun Uhr abends hört er auf zu atmen.

Die Erschütterung, die sein Tod in der ganzen Stadt verbreitet, ist unvorstellbar. Anna hat nur diese eine Nacht, um von ihrem Mann ihren ganz persönlichen Abschied zu nehmen. Schon die Todesstunde war ein öffentliches Ereignis, das ein anwesender Schriftsteller

[182] Matthäus 3,15

in einer Zeitung mit allen Details schildert. Als Dostojewskij nach orthodoxer Sitte in seinem Arbeitszimmer aufgebahrt ist und die vorgeschriebenen Totengebete zweimal täglich an seinem Sarg gesprochen werden, ist die Wohnung überfüllt von zum Teil ganz fremden Menschen. Fast drei Tage lang bis zur Überführung Dostojewskijs ins Alexander-Newski-Kloster reißt der Strom derer, die von ihm Abschied nehmen möchten, nicht ab; selbst nachts finden sich immer einige, die an seinem Sarg beten wollen. Eine Delegation nach der anderen erscheint, Würdenträger, Großfürsten, einfache Bürger, Studenten, Schriftsteller, alles drängt in die Wohnung; berühmte Chöre singen während der Totengebete. Einmal ist der Andrang so stark, dass aus Mangel an Sauerstoff die Kerzen am Sarg verlöschen. Die kleine Tochter steht neben dem aufgebahrten Vater, um unaufhörlich Blumen aus den Kränzen am Sarg als Andenken zu verteilen.

Das Alexander-Newski-Kloster bietet Anna für ihren Mann ein Grab auf einem seiner Friedhöfe an. Das ist eine besondere Ehre, denn hier ruhen vor allem Glieder der alten Aristokratie und besonders verdiente Persönlichkeiten. Eine wogende Menschenmenge, in der an langen Stangen Kränze getragen werden, begleitet den Wagen, der Dostojewskij zum Alexander-Newski-Kloster bringen soll. Aber seine Verehrer lassen den Sarg nicht bis zu dem Wagen gelangen, sie tragen ihn selber. Nach zwei Stunden erreicht der Zug das Kloster, die Mönche gehen dem toten Dichter entgegen, eine Ehre, die eigentlich nur dem Zaren zusteht. Die Nacht über bleibt ein großer Teil der Schüler und Studenten in der Kirche, sie lassen es sich nicht nehmen, selbst die Psalmen an seinem Sarg zu lesen. Nach der Einsegnung des Leichnams am Tag darauf wird Dostojewskij zu seinem Grab ganz in der Nähe des von ihm so geliebten Dichters Schukowski[183] geleitet. Der Friedhof ist schwarz von Menschen, manche sind auf Bäume geklettert, hocken auf Grabsteinen, klammern sich an die Gitter, um wenigstens als Zaungäste teilnehmen zu können und etwas von den letzten Reden am offenen Grab zu hören.

[183] Wassili A. Schukowski (1783-1852), russischer Dichter, der besonders durch seine hervorragenden Übersetzungen westeuropäischer, vor allem deutscher Dichtung bekannt wurde (Schiller, Goethe, Bürger, Uhland, Rückert)

Bei diesem Abschied wird deutlich, dass mit Dostojewskij ein Mensch gegangen ist, dessen Wort man trotz aller Widerstände quer durch alle Schichten und Parteiungen gehört und ernst genommen hat. Seine Beerdigung ist die letzte Manifestation einer Einheit über politische Unterschiede hinweg. Als im folgenden Monat Zar Alexander II. ermordet wird, setzt sich unwiderruflich die Entwicklung fort, die Dostojewskij mit allen Kräften hatte verhindern wollen.

Begegnung mit Dostojewskij

»Es war der wahrhaft christliche Tod, wie ihn die orthodoxe Kirche allen ihren Gläubigen wünscht«, schreibt Aimée Dostojewskij über das Ende ihres Vaters. Es scheint, als sei beim Sterbenden unverhüllt und schlicht etwas offenbar geworden, was beim Lebenden in dieser Eindeutigkeit nicht zu spüren war. Aus den vielen zeitgenössischen Berichten über Begegnungen mit Dostojewskij taucht eine verwirrend widersprüchliche, anziehende und auch befremdende Persönlichkeit auf. Der Ausspruch des Vaters, der kleine Fedja sei »ein wahres Feuer«, blieb auch für den Erwachsenen sein Leben lang zutreffend. Ein hitziges Temperament, extreme Sensibilität und krankhafte Nervosität, die ihn schon vor dem offenen Ausbruch seiner Epilepsie gequält hatte, verbanden sich bei ihm zu einer explosiven Mischung, die er sein Leben lang nicht in der Gewalt hatte. Er konnte sich interessiert, liebenswürdig und angeregt anderen zuwenden, hilfsbereit und teilnahmsvoll sein, aber ebenso auch unbeherrscht und geradezu beleidigend das Verständnis seiner Mitmenschen auf harte Proben stellen. In der Aufwallung seines Temperaments war er fähig, allen Konventionen ins Gesicht zu schlagen. Er konnte einen ungeschickten Kellner in der Schweiz oder einen Setzer in der Druckerei des »Bürgers« so unmäßig anschreien, dass diejenigen, die es miterlebten, schockiert und empört waren.

Aber gerade Anna, die seine wechselnden Stimmungen und auch seine Heftigkeit aus nächster Nähe miterlebte und gelegentlich durch seine Eifersuchtsausbrüche in aller Öffentlichkeit in peinliche Situationen geriet, tritt in ihren »Erinnerungen« mit Entschiedenheit dem Eindruck mancher Zeitgenossen entgegen, Dostojewskij sei griesgrämig, unbeherrscht und überheblich gewesen. Sie schildert ihn als einen im tiefsten Grunde ungewöhnlich gütigen Menschen, und das schon in ihren nicht für die Öffentlichkeit bestimmten Tagebuchaufzeichnungen aus der ersten Zeit ihrer Ehe, in denen sie sich ebenso deutlich über die schwierigen Seiten seines Charakters beklagt. Bekannt ist sein Verhalten einem betrunkenen Bauern gegenüber, der ihn ohne jeden Anlass von hinten zu Boden geschlagen hatte, so dass er sich Verletzungen am Kopf zuzog. Als der Mann gegen Dostojewskijs Willen angeklagt und zu einer Geldstrafe verurteilt worden war, erwartete ihn Dostojewskij am Ausgang des Gerichtsgebäudes und gab ihm diese Summe zurück. In dieser großzügigen Bereitschaft, zu teilen und zu verzeihen, ist Dostojewskij ganz Kind seines Volkes.

Zeit seines Lebens war er äußerst freigebig, nach Meinung seiner Frau über die Grenzen des Verantwortbaren hinaus. Immer hatte er auf Spaziergängen Geld für Bettler bei sich und wies auch Fremde, die unter irgendeinem Vorwand um Unterstützung baten, nicht ab. Sein ständiger Kampf ums Geld und ums Überleben hatte in ihm nur umso größeres Verständnis für die Nöte anderer geweckt.

Doch das Bewähren oder Verfehlen eines Lebens lässt sich nicht im bloßen Aufrechnen von Eigenschaften und Verhaltensweisen erfassen. Auch hier bewies Anna schon bei der ersten Begegnung mit Dostojewskij ihren Blick für das Wesentliche. In der mitfühlenden und wachen Empfänglichkeit ihres Volkes für das Unglück anderer war es der leidende Mensch, den sie hinter seiner düsteren, wenig verbindlichen Art erkannte. Das war es auch, was ihm in den Augen seiner Landsleute jenseits aller Auseinandersetzungen so etwas wie eine besondere Aura gab. Er hatte als Häftling schwer gelitten, und er litt lebenslänglich an seiner Krankheit. Diese Spuren trug er nicht nur in den Narben der Sträflingsketten oder in Verletzungen durch plötzliche Stürze während seiner Anfälle, sondern auch in seinem Wesen. Die schwere Belastung, die seine Krankheit für seine Arbeit und sein Leben bedeutete, darf nicht durch die Tatsache relativiert werden, dass er gelernt hatte, mit ihr zu leben. Das Erscheinungsbild seiner Krankheit verdeutlicht in gedrängter Form geradezu exemplarisch, dass Dostojewskij ein zwischen Extremen ausgespannter Mensch war: Vor dem Anfall konnte er ekstatische Augenblicke höchsten Glücks, höchster Lebensintensität und lichtvollster Klarheit erleben, um nach dem Anfall zerschlagen und depressiv eine Zeit quälender Dunkelheit zu durchleiden. Ebenso wie sein Krankheitsbild war auch sein Lebensweg von extremen Erfahrungen bestimmt: vom Sträflingslager zum Palast des Thronfolgers, von heftigen Angriffen der zeitgenössischen Kritik zur triumphalen Wirkung seines letzten öffentlichen Auftretens.

Vor allem aber gilt das für die Spannung zwischen Zweifel und Glauben, in der sich seine christliche Existenz vollzog. Ihre Spiegelung in seinen Werken verleitete die Interpreten immer wieder zu gegensätzlichen Aussagen über des Dichters eigenen Standpunkt. Aus ihm lässt sich kein Heiliger machen; er entzieht sich jeder einseitig erbaulichen Inanspruchnahme. Auch wenn Dostojewskij sich nie von seiner Kirche getrennt hat, auch wenn er sich zu dogmatischen Fragen offiziell nie kritisch äußerte wie etwa Tolstoi in seiner frontalen Auseinandersetzung mit der orthodoxen Kirche, so ist er doch ganz sicher kein Vertreter einer fraglosen orthodoxen Volksfrömmigkeit, selbst wenn er nicht müde wird, der Intelligenz zu predigen, sie müsse, um sich mit dem Volk zu vereinen, verehren, was das Volk verehre, und glauben, was das Volk glaube.

Wie schon Wrangel aus seiner Zeit in Sibirien berichtete, und was auch aus Annas Tagebuch-Eintragungen hervorgeht: Er ist kein regelmäßiger Kirchgänger, zumindest nicht während der Jahre im Ausland. Die offizielle Geistlichkeit liebt er nicht besonders. In seinen Romanen spielen Vertreter der Kirche so gut wie keine Rolle. Näher steht ihm das Mönchtum. Aber auch dessen bedeutendstem Vertreter in seinem Werk, dem Starez Sosima, legt er zum Teil seine eigenen Vorstellungen vom Christentum in den Mund, die nicht deckungsgleich mit der orthodoxen Auffassung sind. So sahen manche in Dostojewskij den Verkünder eines neuen Christentums innerhalb der Kirche, einer freieren, nicht an Äußerlichkeiten gebundenen Frömmigkeit, die allein durch den Geist allumfassender Liebe und Brüderlichkeit geprägt ist.

Dostojewskij selbst lebt wesentlich aus der Begegnung mit dem Evangelium: Auch die Geschichten der Genesis, besonders aber das Buch Hiob, haben einen starken Eindruck auf ihn gemacht. Sosima spricht aus Dostojewskijs Herzen, wenn er diese Geschichten in Erinnerung an frühere Gottesdienstbesuche ergriffen zitiert.

Viele Unterstreichungen und Anmerkungen bezeugen, dass sich Dostojewskij gründlich mit dem Neuen Testament befasste. Die meisten angestrichenen Stellen finden sich im Johannesevangelium, das ihm besonders nahe stand, und beziehen sich vor allem auf das Liebesgebot Jesu. Aber auch die Offenbarung des Johannes hat er mit Anmerkungen versehen und auf dem Hintergrund seiner Zeit zu verstehen gesucht.[184]

Am stärksten berührte ihn die Gestalt Christi, wie sie ihm aus dem Johannesevangelium entgegentrat. In dieser Begegnung bleibt er indes ein Mensch seiner Zeit, der auch von den philosophischen Strömungen seiner Epoche geprägt ist. So sucht er die Bedeutung Christi in einer Begrifflichkeit zu fassen, die aus der Gedankenwelt des Idealismus stammt: Christus, das *»ewige Ideal der Menschheit«*, ist als in die Geschichte eingegangene Person das eigentliche Wunder der Menschheitsgeschichte. Erst später wird ihm wichtig, dass man an Christus *»nach der Schrift«*, das heißt als an den Gottessohn, glaubt.

Demgegenüber tritt der Gedanke des stellvertretenden Opfers für den Einzelnen zurück, dem die westlichen Kirchen besondere Bedeutung beimessen.

Mit der Betonung des überindividuellen Aspekts der Sendung Christi bewegt sich Dostojewskij jedoch ganz im Raum seiner Kirche, die Tod und Auferstehung des Herrn als ein den ganzen Kosmos umfassendes und erneuerndes Ereignis sieht, in das der einzelne Gläubige als Glied der alle Zeiten und Dimensionen umfassenden Kirche einbezogen ist. Eine individualistische Sicht, die den Einzelnen in den Mittelpunkt des Heilsgeschehens rückt, ist der Ostkirche fremd.

Auch die Frage nach Gott reflektiert Dostojewskij in einer abstrakt-philosophischen Sprache, die weit entfernt ist von der Bildlichkeit des biblischen Redens von Gott. Gott ist *»endgültiges Zentrum«*, *»allgemeine Synthese«*, *»das Ganze des Universums«*. Andererseits ist er jedoch auch ein *»Er«*, ein *»Jemand«*, in inniger, aber unfassbarer Beziehung dem Menschen zugewandt. Für Dostojewskij ist Gott vor allem der Über-Persönliche, das Sein schlechthin, von dem alles Sein herkommt und abhängt und dem es zugeordnet

[184] Kjetsaa, Dostojewski und sein Neues Testament. Vortrag im Evang. Bildungswerk Bayreuth am 19. 2. 1989, übers. v. Albert Martin Steffe, in: Homiletisch-Liturgisches Korrespondenzblatt, 29/1990

bleibt. Im Gottmenschen Christus ist die auf Gott und den Mitmenschen hingeordnete Bestimmung des Menschen vollkommen erfüllt und anschaubar geworden. Dem Menschen ist die Freiheit gegeben – und aufgegeben –, sich entweder diesem höchsten Sein, Gott, zuzuwenden und ihm in wachsender, immer umfassenderer Liebe entgegenzustreben, oder sich aus diesem Zusammenhang herauszulösen, um sich selbst zum Zentrum, zum *»Menschgott«* zu machen. Darin besteht für Dostojewskij letztlich das Prinzip des Bösen. Gott oder Ich, Gottmensch oder Menschgott, in diesem Kräftefeld bewegen sich seine Gestalten.[185]

Gerade auf dem Hintergrund seiner tiefen Einsichten in das Geheimnis des Menschseins mit seinen dunkelsten Möglichkeiten erweist sich die Kraft seiner Christusbegegnung. Dostojewskij, der immer bis zu den äußersten Konsequenzen einer Fragestellung vorstößt, bleibt bis an sein Lebensende in dialektischer, schöpferischer Unruhe, für die es keine endgültige gedankliche Auflösung der Frage nach Gott und Unsterblichkeit geben kann. Aber in dieser Unruhe findet er im Anschauen Christi Halt mitten in dem quälenden Fragen nach der Bestimmung des Menschen, nach dem Sinn des Lebens, eben nach der Existenz Gottes, die sich hinter dem unbegreiflichen Leiden in der Welt immer wieder verdunkelt und von den nihilistischen Tendenzen der zeitgenössischen Philosophie bestritten wird. Bei Christus möchte er bleiben, selbst wenn er *»außerhalb der Wahrheit wäre«*, wie er Natalia Fonwisina geschrieben hatte. In Notizen aus seinem letzten Lebensjahr schreibt er im Blick auf seine Kritiker, die ihm in den *Brüdern Karamasow* einen naiven Glauben unterstellen wollen: *». . . Folglich glaube ich an Christus und bekenne mich zu diesem Glauben, nicht wie ein Kind, sondern mein Hosianna ist durch das große Fegefeuer der Zweifel hindurchgegangen . . .«*[186]

In der Ergriffenheit durch diesen Glauben spielt der Begriff der Schönheit eine bedeutsame Rolle. *»Die Welt wird durch die Schönheit erlöst werden«*, sagt Fürst Myschkin.[187] Es versteht sich von

[185] siehe Ludolf Müller, Die Religion Dostojewskis, in: Von Dostojewski bis Grass. Schriftsteller vor der Gottesfrage, Herrenalber Texte 71

[186] *Tagebuch, Notierte Gedanken*, S. 620

[187] *Idiot*, S. 588

selbst, dass damit nicht die vom Physischen ausgehende Schönheit gemeint ist, die in äußerste Verwirrung stürzen kann und häufig auch eine dämonisch verstrickende Macht ausübt. Die höchste Erscheinung der Schönheit, die »das Gute und Wahre« umfasst, ist in Christus in die Welt gekommen. Sie vermag das Herz so anzurühren, dass es sich freiwillig öffnet und der Mensch in der Begegnung mit ihr seine eigentliche, in ihm schon angelegte Bestimmung erkennt.

In Dostojewskijs Werk bleibt diese Christusschönheit, wo sie in Menschen aufleuchtet, eingebunden in die künstlerische Ökonomie: Das Licht ist um so kostbarer, je seltener es aufstrahlt und je dunkler die Umgebung ist. Die auf Christus hinweisende Schönheit ist gerade da geheimnisvoll und anziehend, wo sie verhüllt bleibt und in einzelnen Gestalten nur in menschlicher Gebrochenheit aufleuchtet.

Unter den vielen Berichten über Begegnungen mit Dostojewskij findet sich auch der einer jungen Lektorin beim »Graschdanin«. Sie stand dem großen Dichter bei aller Hochachtung zunächst kritisch gegenüber und war fast ein wenig enttäuscht von seinem zerstreuten und geschäftsmäßigen Auftreten. Seine Größe nimmt sie tief beeindruckt in dem Augenblick wahr, als er mit aufflammendem Eifer über eine zeitgenössische, allgemein gerühmte Darstellung des Abendmahls spricht und als wesentlichen Mangel herausstellt, dass sie nichts von der Einmaligkeit und Göttlichkeit Christi durchscheinen lasse.[188]

Mitten im Glaubenszerfall, wie er besonders die gebildete Schicht betraf, ist Dostojewskij der Eiferer für die Christusschönheit, die nicht verfälscht werden darf. Das Bild Christi im Herzen ist Aufklärung im Sinn von Erleuchtung, die den rechten Weg gehen lässt.

Hier liegt der Kernpunkt seines prophetischen Ringens um Russland. Ohne dieses Bild im Herzen mussten nach seiner Überzeugung alle Bemühungen um eine neue Gesellschaftsordnung in Blut und Tränen enden.

Gerade in dieser Überzeugung ist Dostojewskij heftig angegriffen worden, schon zu Lebzeiten und nach seinem Tod. Man hat ihm

[188] Dostoëvski vivant, S. 285ff: »Une année de travail avec un écrivain célèbre.«

eine falsche, idealisierende Sicht des russischen Volkes vorgeworfen, das schon für Belinski nicht gläubig, sondern abergläubisch war; und man hat ihm ebenso heftig Unverständnis für die Notwendigkeiten grundlegender gesellschaftlicher Veränderungen und eine reaktionäre, nationalistische Gesinnung zur Last gelegt.

Für den Christen ist die angefochtene Unbeirrbarkeit, mit der Dostojewskij durch alle Zweifel, Leiden und schuldhaften Verstrickungen hindurch Jesus Christus zugewandt bleibt, ein eindrucksvolles Glaubenszeugnis. Sie mag auch eine Herausforderung sein für alle, die in irgendeiner Weise zu ruhigen Besitzern einer christlichen Überzeugung geworden sind und eben darin ihre eigene Wirklichkeit, wie die des Glaubens, verloren haben. Dostojewskij stand mitten in der Glaubenskrise seiner Epoche als Betroffener, der von sich sagen konnte: *» . . . Ich zeige alle Tiefen der Menschenseele.«*[189] Gerade deshalb ergreift den Leser auf dem Weg durch dieses Werk die Erkenntnis, dass die Verlorenheit des Menschen noch viel tiefer und seine Rettung ein viel gewaltigeres Geschehen ist, als er bisher zu wissen meinte.

[189] *Tagebuch, Notierte Gedanken*, S. 619

ZEITTAFEL

(Daten nach Julianischem Kalender, bei Angaben aus dem Westen nach Gregorianischem Kalender)

30. Okt. 1821	Geburt von Fjodor Michailowitsch Dostojewskij in Moskau, als zweiter Sohn von Marja Fjodorowna, geb. Netschajewa und Michail Andrejewitsch Dostojewskij, Arzt am dortigen Marienhospital
1834	Fjodor und Michail in die Moskauer Internatsschule von Tschermak aufgenommen
27. Febr. 1837	Tod der Mutter
16. Jan. 1838	Eintritt in die Ingenieurakademie, Michail kommt nach Reval, intensive Korrespondenz der Brüder, besonders über literarisch-philosophische Themen
8. Juni 1839	Tod des Vaters
12. Aug. 1843	Abschlussexamen an der Ingenieurakademie, Anstellung als technischer Zeichner im Ingenieurdepartement in Petersburg
19. Okt.	Dostojewskij wird auf eigenen Wunsch aus gesundheitlichen Gründen im Rang eines Oberleutnants aus dem Dienst entlassen. Arbeit an *Arme Leute*
Anfang Juni 1845	Abschluss von *Arme Leute*; enthusiastische Aufnahme des Werkes durch W. Belinski
Sommer	Beginn der Arbeit am *Doppelgänger*. Bekanntschaft mit jüngeren Dichtern, u. a. Turgenjew
15. Jan. 1846	*Arme Leute* erscheint in Petersburg
1. Febr.	*Der Doppelgänger* erscheint
Oktober	*Herr Prochartschin* erscheint. Beginn der Arbeit an *Die Wirtin* und *Netotschka Neswanowa*
1847	*Roman in neun Briefen, Polsunkow*. Spannungen zu Belinski
Frühjahr	Beginn der Besuche bei Petraschewskis Freitagsversammlungen
1848	Endgültiger Bruch mit Belinski
26. Mai	Tod Belinskis. *Die fremde Frau und der Ehemann unter dem Bett, Ein ehrlicher Dieb, Ein schwaches Herz, Weihnachten und Hochzeit, Helle Nächte*
Ende 1848	*Die Wirtin*
23. April 1849	Verhaftung Dostojewskijs und der Petraschewski-Anhänger. Haft in der Peter-Pauls-Festung
22. Dez.	Vortäuschung der Exekution, für Dostojewskij vier Jahre Zwangsarbeit und vier Jahre Militärzeit in Sibirien. Erster Teil *Netotschka Neswanowa, Ein kleiner Held* (erschien 1857 unter einem Pseudonym)

1850-54	Zwangsarbeit im Straflager bei Omsk, erste schwere epileptische Anfälle
1854-56	Militärdienst als einfacher Soldat in Semipalatinsk. Bekanntschaft mit der Familie Isajew
18. Febr. 1855	Tod Nikolaus I., Thronbesteigung Alexanders II.
1856	Beförderung zum Leutnant
15. Febr. 1857	Kirchliche Trauung mit Marja Dmitrijewna Isajewa in Kusnezk. Rückkehr nach Semipalatinsk, Arbeit an *Onkelchens Traum* und *Das Gut Stepantschikowo*
18. März 1859	Entlassung aus dem Militärdienst
August	Rückkehr nach Russland, Niederlassung in Twer (Kalinin)
16. Dez.	Rückkehr nach Petersburg. Arbeit an den *Aufzeichnungen aus einem Totenhaus, Onkelchens Traum, Das Gut Stepantschikowo*
1860	Gründung der Zeitschrift »Wremja«, zusammen mit Michail D., N. Strachow und A. Grigorjew
September	*Aufzeichnungen aus einem Totenhaus*
5. März 1861	Veröffentlichung des Manifests zur Aufhebung der Leibeigenschaft. *Erniedrigte und Beleidigte*, *Aufzeichnungen aus einem Totenhaus*. Erste Kontakte mit Apollinaria Suslowa
Juni 1862	Erste Europareise (Paris, London, Genf, Italien). *Eine dumme Geschichte*
Anfang 1863	*Winteraufzeichnungen über Sommereindrücke*
24. Mai	Verbot der »Wremja«
August	Reise in den Westen, zum Teil gemeinsam mit A. Suslowa
Oktober	Dostojewskij trennt sich in Berlin von A. Suslowa
November	Rückreise nach Russland zu Marja Dmitrijewna
Jan. 1864	Erlaubnis zur Herausgabe einer neuen Zeitschrift, »Epocha«
15. April	Tod Marja Dmitrijewnas
10. Juli	Tod Michail Dostojewskijs. *Aufzeichnungen aus einem Kellerloch*
Sommer 1865	Vertrag mit dem Verleger Stellowski. Flucht vor den Gläubigern ins Ausland. Schwere Spielverluste in Wiesbaden. Arbeit an *Schuld und Sühne*. Die »Epocha« muss aus finanziellen Gründen ihr Erscheinen einstellen.
1865-66	Erste Gesamtausgabe seiner Werke bei Stellowski. *Das Krokodil*
Sommer 1866	Aufenthalt auf dem Gut Lublino bei der Familie seiner Schwester, Arbeit an *Schuld und Sühne*
5.-29. Okt.	Niederschrift des Romans *Der Spieler* unter Mithilfe der Stenographin Anna Grigorjewna Snitkina

8. Nov.	Anna nimmt Dostojewskijs Heiratsantrag an
15. Febr. 1867	Hochzeit mit Anna in Petersburg
14. April	Abreise mit Anna in den Westen (Berlin, Dresden, Bad Homburg, Baden-Baden, dort regelmäßige Besuche der Spielhalle; in Genf Arbeit am *Idiot*). *Der Spieler* erscheint in der ersten einbändigen Gesamtausgabe bei Stellowski
22. Febr. 1868	Geburt der Tochter Sonja
12. Mai	Tod der Tochter
November	*Idiot* beginnt zu erscheinen
Anfang 1869	Abschluss des *Idiot*
Juli	Aufbruch aus Florenz, Reise über Venedig, Bologna, Triest, Wien, Prag nach Dresden
15. Sept.	Geburt der Tochter Ljubow (Aimée)
21. Nov.	Ermordung des Studenten Iwanow durch eine Gruppe konspirativer Studenten. Pläne für einen fünfteiligen Romanzyklus *Das Leben eines großen Sünders*, Idee zu den *Dämonen*
1870	Aufzeichnungen zu den *Dämonen* und dem *Leben eines großen Sünders*
7. Okt.	Beginn der laufenden Zusendungen der *Dämonen* an den »Russischen Boten«. *Der ewige Gatte*
Mitte April 1871	Letztes Roulette-Spiel in Wiesbaden
8. Juli	Ankunft in Petersburg
16. Juli	Geburt des Sohnes Fjodor
1872	Bekanntschaft mit maßgeblichen Persönlichkeiten aus konservativen Kreisen. Dostojewskij wird von Perow für die Tretjakow-Galerie porträtiert. Sommeraufenthalt in Staraja Russa
Ende des Jahres	Fertigstellung der *Dämonen*
1873	Dostojewskij übernimmt die Redaktion des »Graschdanin«, darin *Tagebuch eines Schriftstellers*. Persönliche Bekanntschaft mit W. Solowjew. *Bobok*
1874	Aufgabe der Redaktion des »Graschdanin« wegen neuer schriftstellerischer Pläne. Erste Aufzeichnungen zum *Jüngling*
Juni-August	Zur Kur in Bad Ems
10. Aug.	Abreise nach Staraja Russa, Arbeit am *Jüngling*
Mai-Juli 1875	Kuraufenthalt in Bad Ems, Arbeit am *Jüngling*
10. Aug.	Geburt des Sohnes Alexei (Aljoscha). *Der Jüngling*
1876	*Tagebuch eines Schriftstellers* im Selbstverlag. Umfangreiche Korrespondenz mit Lesern des *Tagebuchs* beginnt. Erste Überlegungen zu den *Brüdern Karamasow*. *Die Sanfte* erscheint
1877	Fortlaufende Arbeit am *Tagebuch*. Aufenthalt in Darowoje bei der Schwester Wera Iwanowna

Dezember	Dostojewskij wird korrespondierendes Mitglied der Akademie der Wissenschaften
Ende Dezember	Tod Nekrasows, anläßlich seiner Beerdigung improvisierte Rede Dostojewskijs. Dostojewskij kündigt Unterbrechung des *Tagebuchs* für ein bis zwei Jahre an. *Traum eines lächerlichen Menschen*
1878	Materialsammlungen zum Themenbereich »Jugend« für die *Brüder Karamasow*
16. Mai	Tod Alexeis. Wachsende Nähe zu W. Solowjew
23. Juni	Reise nach Optina Pustyn mit W. Solowjew. Arbeit an den *Brüdern Karamasow*
9.-14. Juni 1879	Der internationale Literatur-Kongress in London wählt Dostojewskij zum Ehrenmitglied des Komitees
24. Juli – Anf. Sept.	Kuraufenthalt in Bad Ems. *Die Brüder Karamasow* erscheinen
8. Juni 1880	Puschkin-Rede
nach 11. Juni	Rückkehr nach Staraja Russa, Arbeit an den *Brüdern Karamasow*. Sonderheft des *Tagebuchs* (Abdruck und Verteidigung der Puschkin-Rede)
November	Abschluss der *Brüder Karamasow*
Anfang Jan. 1881	Arbeit am *Tagebuch*
25./26. Jan.	Nachts schwacher Blutsturz
26. Jan.	Neuerlicher schwererer Blutsturz, Beichte, Kommunion
28. Jan.	20 Uhr 38: Tod Dostojewskijs
1. Febr. 1881	Beerdigung im Alexander-Newski-Kloster

BIBLIOGRAPHIE

Deutsche Gesamtausgaben

F.M. Dostojewski, Sämtliche Werke, unter Mitarbeit von Dmitri Mereschkowski, hrsg. von Arthur Moeller van den Bruck. Übers. von E.K. Rahsin, 22 Bde., München (Piper) 1906-1919

Überarbeitete Fassung in 10 Bänden, ebd. 1952-1963; Neudruck München 1980

F.M. Dostojewski, Sämtliche Romane und Novellen, übers. von Hermann Röhl (»Brüder Karamasow« übers. von K. Nötzel), 25 Bde., Leipzig (Insel) 1921

Neuauflage: Sämtliche Romane und Erzählungen, 16 Bd., Frankfurt/Main (Insel) 1986

F.M. Dostojewski, Werke, übers. von Alexander Eliasberg, Svetlana Geier, Gregor Jarcho, August Scholz, Reinbek/Hamburg (Rowohlt) ab 1960

F.M. Dostojewski, Tagebuch eines Schriftstellers, übers. von Alexander Eliasberg, München (Musarion) 1921-23

Neuübersetzungen von Swetlana Geier

F.M. Dostojewskij, Verbrechen und Strafe, Zürich (Ammann), 1994

F.M. Dostojewskij, Der Idiot, Zürich (Ammann), 1996

F.M. Dostojewskij, Böse Geister, Zürich (Ammann), 1998

F.M. Dostojewskij, Die Brüder Karamasow, Zürich (Ammann), 2003

Nachlaßausgaben

F.M. Dostojewski, Die Beichte Stawrogins. Drei unveröffentlichte Kapitel aus dem Roman »Die Teufel«, hrsg. und übers. von Alexander Eliasberg, München 1923

Der unbekannte Dostojewski, hrsg. von René Fülöp-Miller und Friedrich Eckstein, München 1926

Raskolnikoffs Tagebuch. Mit unbekannten Entwürfen, Fragmenten und Briefen zu »Raskolnikoff« und »Idiot«, hrsg. von René Fülöp-Miller und Friedrich Eckstein, München 1928

Die Urgestalt der Brüder Karamasoff. Dostojewskis Quellen, Entwürfe und Fragmente, erläutert von W. Komarowitsch, München 1928

Briefe und Erinnerungen

F.M. Dostojewski, Briefe, hrsg. und übers. von Alexander Eliasberg, München 1914

F.M. Dostojewski, Briefe, ausgew., eingel. und erläutert von Arthur Luther, Leipzig 1926

Als schwanke der Boden unter mir. Briefe 1837-1881, übers. von K. Nötzel, hrsg. von W. Lettenbauer, Wiesbaden 1954

F.M. Dostojewski, Die Briefe an Anna 1866-1880, übers. von Brigitte Schröder, Frankfurt 1986

Dostojewski, Gesammelte Briefe 1833-1881, hrsg., übers. und komm. von Friedrich Hitzer unter Benutzung der Übertragung von Alexander Eliasberg, München 1966

Anna G. Dostojewskaja, Die Lebenserinnerungen der Gattin Dostojewskis, hrsg. von René Fülöp-Miller und Friedrich Eckstein, München 1925

Neuausgabe unter dem Titel: Erinnerungen der Anna Grigorjewna Dostojewski, München 1948

Anna Grigorjewna Dostojewskaja, Tagebücher. Reise in den Westen, übers. von Barbara Grund, Frankfurt 1985 (urspr. »Piper-Nachlaß«, München 1925)
Aimée Dostojewski, Dostojewski, geschildert von seiner Tochter Aimée Dostojewski, München 1920
Polina Suslowa, Dostojewskis ewige Freundin, hrsg. von René Fülöp-Miller und Friedrich Eckstein, München 1931

Gesamtdarstellungen

Aus der Fülle der Literatur über F.M. Dostojewskij kann hier – entsprechend den Schwerpunkten dieses Buches – nur ein kleiner Teil genannt werden.

Dmitri Sergejewitsch Mereschkowski, Tolstoi und Dostojewski als Menschen und Künstler. Eine kritische Würdigung ihres Lebens und Schaffens, übers. von K. von Gutschow, Leipzig 1903
Alexander Eliasberg, Russische Literaturgeschichte in Einzelporträts (mit einem Geleitwort von D. Mereschkowski), München 1922
Dmitri Sergejewitsch Mereschkowski, Ewige Gefährten (übers. von A. Eliasberg), München 1922
Karl Nötzel, Das Leben Dostojewskis, Leipzig 1925
Nikolai Berdjajew, Die Weltanschauung Dostojewskis, München 1925
Julius Meier-Graefe, Dostojewski der Dichter, Berlin 1926
Stefan Zweig, Drei Meister. Balzac – Dickens – Dostojewski, Leipzig 1927
Wjatscheslaw Iwanowitsch Iwanow, Dostojewski. Tragödie, Mythos, Mystik, Tübingen 1932
Fedor Stepun, Dostojewski, Heidelberg 1950
Reinhard Lauth, Ich habe die Wahrheit gesehen. Die Philosophie Dostojewskis in systematischer Darstellung, München 1950
Zenta Maurina, Dostojewski. Menschengestalter und Gottsucher, Memmingen 1952
Janko Lavrin, Fjodor M. Dostojewski. Mit Selbstzeugnissen und Bilddokumenten, Reinbek 1963
Maximilian Braun, Dostojewski. Das Gesamtwerk als Vielfalt und Einheit, Göttingen 1976
Ludolf Müller, Dostojewski. Sein Leben. Sein Werk. Sein Vermächtnis, München 1982
Geir Kjetsaa, Dostojewski. Sträfling – Spieler – Dichterfürst (aus dem Norwegischen übertragen von Astrid Arz), Gernsbach 1986
Birgit Harreß, Mensch und Welt in Dostojewskijs Werk, Köln (u.a.) 1993
Christine Hamel, Fjodor M. Dostojewskij, München 2003

Dostojewskij aus ärztlicher und tiefenpsychologischer Sicht

Thimotheus Segaloff, Die Krankheit Dostojewskis. (Grenzfragen der Literatur und Medizin), München 1907 (auch Heidelberg 1906)
Paul Vogel, Von der Selbstwahrnehmung der Epilepsie. Der Fall Dostojewski, in: Jahrbuch für Psychologie, Psychotherapie und medizinische Anthropologie 14,1/1966
Sigmund Freud, Dostojewski und die Vatertötung, in: Die Urgestalt der Brüder Karamasoff, München 1928

Dostojewskij aus juristischer und rechtsphilosophischer Sicht

Heinz Wagner, Das Verbrechen bei Dostojewski. Eine Untersuchung unter strafrechtlichem Aspekt, Göttingen 1966

Dostojewskij aus politischer Sicht

Josef Bohatec, Der Imperialismusgedanke und die Lebensphilosophie Dostojewskis. Ein Beitrag zur Kenntnis des russischen Menschen, Graz/Köln 1951

Dostojewskij aus christlicher Sicht

Eduard Thurneysen, Dostojewski, München 1921
Karl Barth, Der Römerbrief, München 1923
Nikolaus von Arseniew, Dostojewskis Ringen um Gott, Wernigerode 1925
Romano Guardini, Religiöse Gestalten in Dostojewskis Werk, München 1939 (1933 unter anderem Titel)
Walter Nigg, Dostojewski: Die religiöse Überwindung des Nihilismus, Hamburg 1951
L.A. Zander, Vom Geheimnis des Guten. Eine Dostojewski-Interpretation, Stuttgart 1956
Martin Doerne, Gott und Mensch in Dostojewskis Werk, Göttingen 1957
Konrad Onasch, Dostojewski-Biographie. Materialsammlung zur Beschäftigung mit religiösen und theologischen Fragen in der Dichtung F. M. Dostojewskis, Zürich 1960
Konrad Onasch, Dostojewski als Verführer. Christentum und Kunst in der Dichtung Dostojewskis. Ein Versuch, Zürich 1961
Martin Doerne, Tolstoj und Dostojewski. Zwei christliche Utopien, Göttingen 1969

Zum selben Thema in Zeitschriften, gedruckten Vorträgen, Dissertationen, und Sammelbänden

Theodor Steinbüchel, F.M. Dostojewski. Sein Bild vom Menschen und Christen. Fünf Vorträge, Düsseldorf 1947
Paul Wohlfahrt, Das Griechisch-Orthodoxe in der Welt Dostojewskis, in: Studium Generale 4/1951
Wilhelm Lettenbauer, Das Motiv des Fatums bei Dostojevski, in: Münchner Theologische Zeitschrift 2/1951
Antanas Maceina, Der Menschgott Dostojewskis als Gestalt des östlichen Atheismus, in: Stimmen der Zeit 156, 1954/55
Eduard Steinwand, Das rätselhafte Wesen des Menschen nach Dostojewski, in: Glaube und Kirche in Rußland. Ges. Aufsätze von E.St., Göttingen 1962
Wolfgang Gesemann, Der »Russische Gott«, in: Welt der Slaven 9/1964
Ludolf Müller, Die Religion Dostojewskis, in: Von Dostojewski bis Grass. Schriftsteller vor der Gottesfrage, Herrenalber Texte 71/1986

Frühe Würdigungen

Wladimir Sergejewitsch Solowjew, Drei Reden zum Gedächtnis Dostojewskis (1883), Mainz 1921
Georg Brandes, Dostojewski. Ein Essay, Berlin 1889

Dichterstimmen zu Dostojewskij

Hermann Hesse, Blick ins Chaos. Drei Aufsätze, Bern 1920
Thomas Mann, Dostojewski mit Maßen, in: Neue Rundschau 1945-46
Reinhold Schneider, Dostojewski: Der Idiot, in: Freiheit und Gehorsam. Essays, München 1967
Wir und Dostojewski. Eine Debatte mit Heinrich Böll, Siegfried Lenz, André Malraux, Hans Erich Nossack, geführt von Manès Sperber, Hamburg 1972

Zu den Werken – Der frühe Dostojewskij

Rudolf Neuhauser, Das Frühwerk Dostojevskijs. Literarische Tradition und gesellschaftlicher Anspruch, Heidelberg 1979

Zu den großen Romanen (in der Reihenfolge ihrer Entstehung)

Friedrich Hahn, Dostojewskis Roman »Schuld und Sühne« – Versuch einer theologischen Deutung, Frankfurt/Main 1961 (Erziehung als Beruf und Wissenschaft, Festgabe für Friedrich Trost zum 60. Geburtstag)
Walter Nigg, Der christliche Narr, Zürich 1956
L. Stollreiter-Butzon, Über die Epilepsie des Fürsten Myschkin, in: Psyche 15, 1961/62
A.S. Wolynski, Das Buch vom großen Zorn, übers. von J. Melnik, Frankfurt 1905 (über die »Dämonen«)
Reinhard Lauth, Die Bedeutung der Schatow-Ideologie für die philosophische Weltanschauung Dostojewskis. Festgabe für Paul Diels, München 1953
Klaus-Dietrich Staedtke, Teuflische Zeit und goldenes Zeitalter. Abbild und Gleichnis in Dostojewskis »Dämonen«, in: Zeitschrift für Slawistik 16/1971
Horst-Jürgen Gerigk, Versuch über Dostojevskijs »Jüngling«. Ein Beitrag zur Theorie des Romans, München 1965
A.S. Wolynski, Das Reich der Karamasow, übers. von A. Eliasberg, München 1920
Alfred Rammelmeyer, Dostojevskijs Begegnung mit Belinskij: Zur Deutung der Gedankenwelt Iwan Karamazovs, in: Zeitschrift für slavische Philologie 21/1952
Pater Paulos, Dostojewskis Staretz Sossima, in: Slavische Rundschau 1, 1956/57
Ulrich Busch, Der »Autor« der »Brüder Karamazov«, in: Zeitschrift für slavische Philologie 27/1960
W. Wolfgang Holdheim, Der Justizirrtum als literarische Problematik. Vergleichende Analyse eines erzählerischen Themas, Berlin 1969
Olga Großmann/Roland Opitz (Hrsg.), Das Prophetische in Dostojewskijs »Dämonen«, Weimar, 1998; im Auftrag des Deutsch-Russischen Kulturinstituts e.V. Dresden

Zur Legende vom Großinquisitor (»Die Brüder Karamasow«)

W. Rosanow, Dostojewski und seine Legende vom Großinquisitor, Berlin 1924
Ernst Benz, Der wiederkehrende Christus. Zum Problem des Dostojevskijschen »Großinquisitors«, in: Zeitschrift für slavische Philologie, 1934; danach in: Zeitschrift für Religions- und Zeitgeschichte 6/1954
Antanas Maceina, Der Großinquisitor. Geschichtsphilosophische Deutung der Legende Dostojewskis. Mit einem Nachwort von Wladimir Szylkarski, Heidelberg 1952
Reinhard Lauth, Zur Genesis der Großinquisitor-Erzählung, in: Zeitschrift für Religions- und Zeitgeschichte 6/1954
Morris Stockhammer, Der Großinquisitor als politisches Vermächtnis Dostojewskis, in: Archiv für Rechts- und Sozialphilosophie 42/1956

Wilhelm Lettenbauer, Zur Deutung der Legende vom »Großinquisitor« Dostojevskijs, in: Welt der Slaven 5/1960

Heinz Wissemann, Die Idee des Übermenschen in Dostojevskijs Legende vom Großinquisitor, in: Nachrichten der Gießener Hochschulgesellschaft 31/1962

Ludolf Müller, Der Großinquisitor, hrsg. und erl. von Ludolf Müller, München 1985

Zu Dostojewskijs schriftstellerischen Techniken

Johannes Holthusen, Prinzipien der Komposition und des Erzählens bei Dostojevski, Köln/Opladen 1969

Konrad Onasch, Der verschwiegene Christus. Versuch über die Poetisierung des Christentums in der Dichtung F.M. Dostojewskis, Berlin 1976

Wjatscheslaw Iwanowitsch Iwanow, Dostojewski und die Romantragödie, übers. von D. Umanzkij, Leipzig/Wien 1922

Michail M. Bachtin, Probleme der Poetik Dostojevskijs, München 1971

Dostojewskij und Deutschland

Theoderich Kampmann, Dostojewski in Deutschland, Münster 1931 (bis 1930)

Vsevolod Setschkareff, Dostojevskij in Deutschland, in: Zeitschrift für slavische Philologie 22/1954

J. Redhardt, Das evangelische und katholische Dostojewski-Bild, Mainz 1954 (Diss.)

Wolfgang Gesemann, Die Diskussion um Dostojevskij geht weiter. Seine jetzigen Interpreten. Kommentar und bibliographische Hinweise, in: Österreichische Osthefte 5/1963

Horst-Jürgen Gerigk, Notes Concerning Dostoevskii Research in the German Language after 1945, in: Canadian-American Slavic Studies VI, 2 (Summer 1972)

Karla Hielscher, Dostojewskij in Deutschland, Frankfurt/M. 1999

Dostojewskij und die Literatur

Vorträge zum 100. Todesjahr des Dichters auf der 3. internationalen Tagung des »Slavenkomitees« in München, 12.-14. Okt. 1981. Assoc. Internat. pour l'Etude et la Diffusion des Cultures Slaves (UNESCO), hrsg. v. Hans Rothe, Köln/Wien 1983 (Bibliographie S. 501-505)

Neu erschienene Erweiterung im Blick auf die USA:

Stefan Kleßmann, Deutsche und amerikanische Erfahrungsmuster von Welt. Eine interdisziplinäre kulturvergleichende Analyse im Spiegel der Dostojewskij-Rezeption zwischen 1900 und 1945, Regensburg 1990 (Theorie und Forschung, Bd. 110 Literaturwissenschaft, Bd. 5 -452 S.)

Die Jahrbücher der Deutschen Dostojewskij-Gesellschaft (ab 1992)